بھیگی بھیگی رات میں

فلمی نغمے

حسرت جے پوری

ترتیب و تدوین: اعجاز عبید

Bheegi Bheegi Raat men (Lyrical Poetry)
by: Hasrat Jaipuri
Edition: August '2026
Publisher :
Taemeer Publications LLC (Michigan, USA / Hyderabad, India)

ISBN 978-93-6908-079-3

کتاب	:	**بھیگی بھیگی رات میں** (فلمی نغمے)
مصنف	:	**حسرت جے پوری**
ترتیب / تہذیب	:	اعجاز عبید
صنف	:	شاعری
ناشر	:	تعمیر پبلی کیشنز (حیدرآباد، انڈیا)
سالِ اشاعت	:	۲۰۲۶ء
صفحات	:	۲۱۸
سرورق ڈیزائن	:	تعمیر ویب ڈیزائن

Distributed globally through IngramSpark
Printed on demand by Ingram Content Group through regional printing facilities depending on order destination.

فہرست

فلم : سورج

موسیقار : شنکر جے کشن*

آواز : محمد رفیع

بہارو پھول برساؤ مرا محبوب آیا ہے

مرا محبوب آیا ہے

ہواؤں راگنی گاؤ مرا محبوب آیا ہے

مرا محبوب آیا ہے

او لالی پھول کی مہندی لگا ان گورے ہاتھوں میں

اتر آ اے گھٹا کاجل لگا ان پیاری آنکھوں میں

ستارو مانگ بھر جاؤ مرا محبوب آیا ہے

مرا محبوب آیا ہے

نظارو ہر طرف اب تان دو اک نور کی چادر

بڑا شرمیلا دلبر ہے، چلا جائے نہ شرما کر

ذرا تم دل کو بہلاؤ مرا محبوب آیا ہے

مرا محبوب آیا ہے

سجائی ہے جواں کلیوں نے اب یہ سیج الفت کی

انہیں معلوم تھا آئے گی اک دن رت محبت کی

فضاؤ رنگ بکھراؤ مرا محبوب آیا ہے

مرا محبوب آیا ہے

بہارو پھول برساؤ مرا محبوب آیا ہے

مرا محبوب آیا ہے

***

*حسرت جے پوری کے ساتھ موسیقی کا ساتھ نبھانے والے زیادہ تر دو موسیقار شنکر اور جے کشن تھے۔ اس وجہ سے اس کتاب میں جہاں موسیقار کا نام نہیں دیا گیا ہے، وہاں شنکر جے کشن کا نام سمجھا جائے۔ دوسرے موسیقاروں کے نام دے دئے گئے ہیں۔

فلم : پتنا

آوازیں : لتا منگیشکر، ہیمنت کمار

ہیمنت : یاد کیا دل نے کہاں ہو تم

جھومتی بہار ہے کہاں ہو تم

لتا : پیار سے پکار لو جہاں ہو تم

پیار سے پکار لو جہاں ہو تم

ہیمنت : یاد کیا دل نے کہاں ہو تم

جھومتی بہار ہے کہاں ہو تم

لتا : پیار سے پکار لو جہاں ہو تم

پیار سے پکار لو جہاں ہو تم

ہیمنت : ہو۔۔۔۔ کھو گئے ہو آج کس خیال میں

لتا : ہو۔۔۔ دل پھنسا ہے بے بسی کے جال میں

ہیمنت : ہو۔۔۔۔ کھو گئے ہو آج کس خیال میں

لتا : ہو۔۔۔ دل پھنسا ہے بے بسی کے جال میں

مطلبی جہاں مہرباں ہو تم

ہیمنت : یاد کیا دل نے کہاں ہو تم

لتا : پیار سے پکار لو جہاں ہو تم

پیار سے پکار لو جہاں ہو تم

ہیمنت : ہو۔۔۔۔ رات ڈھل چکی ہے صبح ہو گئی

لتا : ہو۔۔۔۔ میں تمہاری یاد لے کے کھو گئی

ہیمنت : ہو۔۔۔۔ رات ڈھل چکی ہے صبح ہو گئی

لتا : ہو۔۔۔۔ میں تمہاری یاد لے کے کھو گئی

لتا : اب تو میری داستاں ہو تم

ہیمنت : یاد کیا دل نے کہاں ہو تم

لتا : پیار سے پکار لو جہاں ہو تم

پیار سے پکار لو جہاں ہو تم

ہیمنت : ہو۔۔۔۔ تم ہماری زندگی کے باغ ہو

لتا : ہو۔۔۔۔ تم ہماری راہ کے چراغ ہو

میرے لئے آسماں ہو تم

یاد کیا دل نے کہاں ہو تم

پیار سے پکار لو جہاں ہو تم

پیار سے پکار لو جہاں ہو تم

ہیمنت : یاد کیا دل نے کہاں ہو تم

***

فلم : آوارہ

آواز : لتا منگیشکر

آ جاؤ تڑپتے ہیں ارماں ، اب رات گزرنے والی ہے

اب رات گزرنے والی ہے

میں روؤں یہاں تم چپ ہو وہاں

اب رات گزرنے والی ہے

اب رات گزرنے والی ہے

آ جاؤ تڑپتے ہیں ارماں

ہو۔۔۔۔۔

چاند کی رنگت اڑنے لگی

لو تاروں کے دل اب ڈوب گئے، ڈوب گئے

ہے درد بھرا بے چین سماں، اب رات گزرنے والی ہے

اب رات گزرنے والی ہے

اک چاند کے ڈولے میں آئی نظر

اک چاند کے ڈولے میں آئی نظر

یہ رات کی دلہن چل دی کدھر، چل دی کدھر

آواز تو دو کھوئے ہو کہاں، اب رات گزرنے والی ہے

اب رات گزرنے والی ہے

گھبرا کے نظر بھی ہار گئی

تقدیر کو بھی نیند آنے لگی، نیند آنے لگی

تم آتے نہیں، میں جاؤں کہاں، اب رات گزرنے والی ہے

اب رات گزرنے والی ہے

آ جاؤ تڑپتے ہیں ارماں، اب رات گزرنے والی ہے

اب رات گزرنے والی ہے

***

آواز: لتا منگیشکر

اک بے وفا سے پیار کیا

اس سے نظر کو چار کیا

ہائے رے ہم نے یہ کیا کیا

ہائے کیا کیا

اک بے وفا سے۔۔۔۔۔

بھولی صورت والا نکلا لٹیرا

رات چھپائے دل میں منہ پہ سویرا

ہائے رے ہم نے یہ کیا کیا-----

دے گئی دھوکا ہمیں نیلی نیلی آنکھیں

نیلی نیلی آنکھیں

سونی ہے دل کی محفل بھیگی بھیگی آنکھیں

ہائے بھیگی بھیگی آنکھیں

الفت کا اظہار کیا

اس پہ دل کو نثار کیا

ہائے رے ہم نے یہ کیا کیا

ہائے کیا کیا

اک بے وفا سے پیار کیا

اس سے نظر کو چار کیا

ہائے رے ہم نے یہ کیا کیا

ہائے کیا کیا

***

آواز: مکیش

ہم تجھ سے محبت کر کے صنم

روتے بھی رہے، ہنستے بھی رہے

روتے بھی رہے، ہنستے بھی رہے

اے دل کی لگی کیا تجھ کو خبر

اک درد اٹھا تھرائی نظر

تھرائی نظر

خاموش تھے ہم

خاموش تھے ہم

اس غم کی قسم

روتے بھی رہے، ہنستے بھی رہے

روتے بھی رہے، ہنستے بھی رہے

یہ دل جو جلا اک آگ لگی

آنسو جو بہے برسات ہوئی

برسات ہوئی

بادل کی طرح

بادل کی طرح آوارہ تھے ہم

روتے بھی رہے، ہنستے بھی رہے

روتے بھی رہے، ہنستے بھی رہے

***

فلم : غبن

آواز : محمد رفیع

احسان میرے دل پہ تمہارا ہے دوستو

یہ دل تمہارے پیار کا مارا ہے دوستو

احسان میرے دل پہ تمہارا ہے دوستو

یہ دل تمہارے پیار کا مارا ہے دوستو

بنتا ہے میرا کام تمہارے ہی کام سے

ہوتا ہے میرا نام تمہارے ہی نام سے

بنتا ہے میرا کام تمہارے ہی کام سے

ہوتا ہے میرا نام تمہارے ہی نام سے

تم جیسے مہرباں کا سہارا ہے دوستو

یہ دل تمہارے پیار کا مارا ہے دوستو

جب آ پڑا ہے کوئی بھی مشکل کا راستا

میں نے دیا ہے تم کو محبت کا واسطہ

جب آ پڑا ہے کوئی بھی مشکل کا راستا

میں نے دیا ہے تم کو محبت کا واسطہ

ہر حال میں تمہیں کو پکارا ہے دوستو

یہ دل تمہارے پیار کا مارا ہے دوستو

یاروں نے میرے واسطے کیا کچھ نہیں کیا

سو بار شکریہ ارے سو بار شکریہ

بچپن تمہارے ساتھ گزارا ہے دوستو

یہ دل تمہارے پیار کا مارا ہے دوستو

***

فلم : امن

آواز : محمد رفیع

اے حسن پری چہرہ کیوں اتنی دردمند ہو

دنیا کی منزلوں پر تم ہی مجھے پسند ہو

تم ہی مجھے پسند ہو

تم ہی مجھے پسند ہو

شبنم کے دل کی دھڑکن محسوس کر رہی ہو

شبنم کے دل کی دھڑکن محسوس کر رہی ہو

تم کتنی نرم دل ہو آہیں سی بھر رہی ہو

تم کتنی نرم دل ہو آہیں سی بھر رہی ہو

اے حسن پری چہرہ کیوں اتنی دردمند ہو

اتنا خیال کوئی کرتا نہیں کسی کا

اتنا خیال کوئی کرتا نہیں کسی کا

تم نے بدل دیا ہے رخ میری زندگی کا

تم نے بدل دیا ہے رخ میری زندگی کا

اے حسن پری چہرہ کیوں اتنی دردمند ہو

سب کچھ تھا پاس میرے لیکن نہ یہ خوشی تھی

سب کچھ تھا پاس میرے لیکن نہ یہ خوشی تھی

پوری ہوئی ہے تم سے جیون میں جو کمی تھی

پوری ہوئی ہے تم سے جیون میں جو کمی تھی

اے حسن پری چہرہ کیوں اتنی دردمند ہو

دنیا کی منزلوں پر تم ہی مجھے پسند ہو

تم ہی مجھے پسند ہو

تم ہی مجھے پسند ہو

***

فلم : داغ

آواز : طلعت محمود

بجھ گئے غم کی ہوا سے پیار کے جلتے چراغ

بیوفائی چاند نے کی، پڑ گیا اس میں بھی داغ

ہم درد کے ماروں کا اتنا ہی فسانہ ہے

پینے کو شراب غم، دل غم کا نشانہ ہے

دل ایک کھلونا ہے، تقدیر کے ہاتھوں میں

دل ایک کھلونا ہے، تقدیر کے ہاتھوں میں

تقدیر کے ہاتھوں میں

مرنے کی تمنا ہے، جینے کا بہانا ہے

ہم درد کے ماروں کا اتنا ہی فسانہ ہے

دیتے ہیں دعائیں ہم

دیتے ہیں دعائیں ہم

دنیا کی جفاؤں کو

دنیا کی جفاؤں کو

کیوں ان کو بھلائیں ہم، اب خود کو بھلانا ہے

ہم درد کے ماروں کا اتنا ہی فسانہ ہے

ہنس ہنس کے بہاریں تو، شبنم کو رلاتی ہیں

ہنس ہنس کے بہاریں تو، شبنم کو رلاتی ہیں

شبنم کو رلاتی ہیں

آج اپنی محبت پر، بغیا کو رلانا ہے

ہم درد کے ماروں کا اتنا ہی فسانہ ہے

پینے کو شراب غم، دل غم کا نشانہ ہے

***

آواز : طلعت محمود

چاند اک بیوہ کی چوڑی کی طرح ٹوٹا ہوا

ہر ستارا بے سہارا سوچ میں ڈوبا ہوا

غم کے بادل، اک جنازے کی طرح ٹھہرے ہوئے

سسکیوں کے ساز پر کہتا ہے دل روتا ہوا

کوئی نہیں میرا اس دنیا میں آشیاں برباد ہے

آنسو بھری مجھے قسمت ملی ہے زندگی ناشاد ہے

کوئی نہیں میرا اس دنیا میں آشیاں برباد ہے

جا ہوا تو رستا لے اپنا

قسمت ہے میری جی کے تڑپنا

جا ہوا تو رستا لے اپنا

قسمت ہے میری جی کے تڑپنا

آئی ہے میرے غم پہ جوانی

روتی ہوئی اک یاد ہے

کوئی نہیں میرا اس دنیا میں آشیاں برباد ہے

سوکھ چکے ہیں آنکھوں کے جھرنے

لوٹ لیا ہمیں داغ جگر نے

پھول نہیں یہ زخم کھلے ہیں

پھول نہیں یہ زخم کھلے ہیں

آسماں صیاد ہے

آسماں صیاد ہے

کوئی نہیں میرا اس دنیا میں آشیاں برباد ہے

آئی ہے میرے غم پہ جوانی

روتی ہوئی اک یاد ہے

کوئی نہیں میرا اس دنیا میں آشیاں برباد ہے

موسم دکھوں کا سر پر ہے چھایا

مجھ سے جدا ہے خود میرا سایا

موسم دکھوں کا سر پر ہے چھایا

مجھ سے جدا ہے خود میرا سایا

ہم ہیں اکیلے غم کے ہیں میلے

روح کی فریاد ہے

کوئی نہیں میرا اس دنیا میں آشیاں برباد ہے

***

فلم : اجالا

آواز : مکیش

دنیا والوں سے دور، جلنے والوں سے دور

آجا آجا چلیں، کہیں دور، کہیں دور، کہیں دور

یہ پیار کا جہاں ہے، ہر دل پہ مہرباں ہے

کچھ اور یہ زمیں ہے، کچھ اور آسماں ہے

نہ ظلم کا نشاں ہے، نہ غم کی داستاں ہے

ہر کوئی جس کو سمجھے، وہ پیار کی زباں ہے

دنیا والوں سے دور، جلنے والوں سے دور

آجا آجا چلیں، کہیں دور، کہیں دور، کہیں دور

الفت کی راگنی میں، مستانی بے خودی میں

سو جائیں گے یہ دو دل، الفت کی چاندنی میں

پھر کیا کرے گی دنیا، جل جل مرے گی دنیا

تاروں میں دو ستارے دیکھا کرے گی دنیا

دنیا والوں سے دور، جلنے والوں سے دور

آجا آجا چلیں، کہیں دور، کہیں دور، کہیں دور

ہاتھوں میں ہاتھ ڈالے، خود کو بھی نہ سنبھالے

نکلیں گے ہم جدھر سے، ہو جائیں گے اجالے

چندا کہے گا ہنس کر سینے پہ ہاتھ رکھ کر

وہ جا رہے ہیں دیکھو، دو پیار کرنے والے

دنیا والوں سے دور، جلنے والوں سے دور

آ جا آ جا چلیں، کہیں دور، کہیں دور، کہیں دور

***

فلم : جانی واکر

موسیقار : او۔ پی۔ نیر

آوازیں : لتا منگیشکر، گیتا دت

آشا : لالالالارارارا

گیتا : آں ہوں ، ہوں ، آہاہاہا

آشا : ٹھنڈی ٹھنڈی ہوا پوچھے ان کا پتہ

لاج آئے سکھی کیسے دوں میں بتا

ٹھنڈی ٹھنڈی ہوا پوچھے انکا پتہ

لاج آئے سکھی کیسے دوں میں بتا

ٹھنڈی ٹھنڈی ہوا۔۔۔۔

گیتا : ہم سے ڈرتی ہو کیوں آہیں بھرتی ہو کیوں

منہ سے کچھ تو کہو اس پہ مرتی ہو کیوں

ہم سے ڈرتی ہو کیوں آہیں بھرتی ہو کیوں

منہ سے کچھ تو کہو اس پہ مرتی ہو کیوں

تم ہو ایسی ادا جس پہ دنیا فدا

ہے وہ کتنا حسین جس پہ تم ہو فدا

آشا : ٹھنڈی ٹھنڈی ہوا پوچھے ان کا پتہ

ٹھنڈی ٹھنڈی ہوا

آشا : دل سے پوچھوں میرے اس میں کیا بات ہے

وہ امنگوں بھری چاندنی رات ہے

چاند جب جب اٹھا اسکو دیکھا کیا

ہر ستارے کا دل پھر تو دھڑکا کیا

ٹھنڈی ٹھنڈی ہوا پوچھے ان کا پتہ

ٹھنڈی ٹھنڈی ہوا۔ ۔

گیتا : یوں نہ تڑپاؤ جی اب بتا دو ہمیں

لا کے تصویر ہی تم دکھا دو ہمیں

یوں نہ تڑپاؤ جی اب بتا دو ہمیں

لا کے تصویر ہی تم دکھا دو ہمیں

درد بڑھنے لگا سینہ جلنے لگا

دل ہمارا بھی دیکھو مچلنے لگا

آشا : ٹھنڈی ٹھنڈی ہوا پوچھے۔۔۔۔۔

دونوں : لالالا

آ۔۔۔

***

فلم : آب حیات

موسیقی : سردار ملک

آواز : ہیمنت کمار اور ساتھی

ہیمنت : میں غریبوں کا دل میں وطن کی زباں

میں غریبوں کا دل میں وطن کی زباں

بیکسوں کے لئے پیار کا آشیاں

میں غریبوں کا دل ، میں وطن کی زباں

کورس : ہو ہو ہو۔۔۔ او ہو ہو ہو۔۔۔۔

ہو ہو۔۔۔۔۔۔۔

ہیمنت : میں جو گاتا چلوں ، ساتھ محفل چلے

کورس : ساتھ محفل چلے، ساتھ محفل چلے

ہیمنت : میں جو بڑھتا چلوں، ساتھ منزل چلے

کورس : ساتھ منزل چلے، ساتھ منزل چلے

ساتھ منزل چلے، مجھے راہیں دکھاتی چلے بجلیاں

مجھے راہیں دکھاتی چلے بجلیاں

مجھے راہیں دکھاتی چلے بجلیاں

میں غریبوں کا دل ہوں وطن کی زباں

میں غریبوں کا دل ہوں وطن کی زباں

کورس : او ہو ہو۔۔۔ او ہو ہو ہو۔۔۔

ہو ہو۔۔۔۔۔۔۔۔

ہیمنت : حسن بھی دیکھ کر مجھ کو حیران ہے

کورس : مجھ کو حیران ہے ، مجھ کو حیران ہے

ہیمنت : عشق کو مجھ سے ملنے کا ارمان ہے

کورس : دیکھو ارمان ہے

اپنی دنیا کا ہوں ، میں حسیں نوجواں

اپنی دنیا کا ہوں ، میں حسیں نوجواں

میں غریبوں کا دل میں وطن کی زباں

میں غریبوں کا دل میں وطن کی زباں

کورس : او ہو ہو۔۔۔ او ہو ہو ہو۔۔۔

ہو ہو۔۔۔۔۔۔۔

کارواں زندگانی کا رکتا نہیں

بادشاہوں کے آگے میں جھکتا نہیں

میں تو جھکتا نہیں

چاند تاروں سے آگے میرا آشیاں

چاند تاروں سے آگے میرا آشیاں

میں غریبوں کا دل میں وطن کی زباں

میں غریبوں کا دل میں وطن کی زباں

بیکسوں کے لئے پیار کا آشیاں

میں غریبوں کا دل، میں وطن کی زباں

***

فلم : آرزو

آوازیں : محمد رفیع ۔ لتا منگیشکر

لتا : اجی روٹھ کر اب کہاں جائیے گا

جہاں جائیے گا ہمیں پائیے گا

اجی روٹھ کر اب کہاں جائیے گا

اجی روٹھ کر اب

نگاہوں میں چھپ کر دکھاؤ تو جانیں

خیالوں میں بھی تم نہ آؤ تو جانیں

اجی لاکھ پردوں میں چھپ جائیے گا

اجی لاکھ پردوں میں چھپ جائیے گا

نظر آئیے گا نظر آئیے گا

اجی روٹھ کر اب کہاں جائیے گا

جہاں جائیے گا ہمیں پائیے گا

اجی روٹھ کر اب

جو دل میں ہے ہونٹوں پہ لانا بھی مشکل

مگر اس کو دل میں چھپانا بھی مشکل

نظر کی زباں سے سمجھ جائیے گا

نظر کی زباں سے سمجھ جائیے گا

سمجھ کر ذرا غور فرمائیے گا

اجی روٹھ کر اب کہاں جائیے گا

جہاں جائیے گا ہمیں پائیے گا

اجی روٹھ کر اب

یہ کیسا نشہ ہیں یہ کیسا اثر ہے

نہ قابو میں دل ہے نہ بس میں جگر ہے

ذرا ہوش آ لے تو پھر جائیے گا

ٹھہر جائیے گا ٹھہر جائیے گا

ٹھہر جائیے گا ٹھہر جائیے گا

اجی روٹھ کر اب کہاں جائیے گا

جہاں جائیے گا ہمیں پائیے گا

اجی روٹھ کر اب کہاں جائیے گا

جہاں جائیے گا ہمیں پائیے گا

**

رفیع : اجی ہم سے بچ کر کہاں جائیے گا

جہاں جائیے گا ہمیں پائیے گا

اجی ہم سے بچ کر کہاں جائیے گا

(باقی الفاظ سارے وہی ہیں، صرف 'اجی روٹھ کر اب' کی جگہ 'اجی ہم سے بچ کر' ہے۔)

آواز : محمد رفیع

اے نرگس مستانہ بس اتنی شکایت ہے

بس اتنی شکایت ہے

سمجھا ہمیں بیگانہ بس اتنی شکایت ہے

بس اتنی شکایت ہے

اے نرگس مستانہ

ہر راہ پر ٹکرائے ہر موڑ پر گھبرائے

منہ پھیر لیا تم نے ہم جب بھی نظر آئے

منہ پھیر لیا تم نے ہم جب بھی نظر آئے

ہم ہم کو نہیں پہچانا بس اتنی شکایت ہے

بس اتنی شکایت ہے

اے نرگس مستانہ

بس اتنی شکایت ہے

بس اتنی شکایت ہے

ہو جاتے ہو برہم بھی بن جاتے ہو ہمدم بھی

اے ساقی میخانہ شعلہ بھی ہو شبنم بھی

اے ساقی میخانہ شعلہ بھی ہو شبنم بھی

خالی میرا پیمانہ بس اتنی شکایت ہے

بس اتنی شکایت ہے

اے نرگس مستانہ بس اتنی شکایت ہے

بس اتنی شکایت ہے

ہر رنگ قیامت ہے ہر ڈھنگ شرارت ہے

دل توڑ کے چل دینا یہ حسن کی عادت ہے

دل توڑ کے چل دینا یہ حسن کی عادت ہے

ہائے

آتا نہیں بہلانا بس اتنی شکایت ہے

بس اتنی شکایت ہے

اے نرگس مستانہ بس اتنی شکایت ہے

بس اتنی شکایت ہے

***

آواز : محمد رفیع

چھلکے تری آنکھوں سے شراب اور زیادہ

چھلکے تری آنکھوں سے شراب اور زیادہ

چھلکے تری آنکھوں سے شراب اور زیادہ

کھلتے رہیں ہونٹوں کے گلاب اور زیادہ

چھلکے تری آنکھوں سے شراب اور زیادہ

کیا بات ہے آخر تیری محفل میں ستم گر

کیا بات ہے آخر تیری محفل میں ستم گر

کیا بات ہے آخر تیری محفل میں ستم گر

دھڑکے ہے دل خانہ خراب اور زیادہ

چھلکے تری آنکھوں سے شراب اور زیادہ

اس دل میں ابھی اور بھی زخموں کی جگہ ہے

اس دل میں ابھی اور بھی زخموں کی جگہ ہے

اس دل میں ابھی اور بھی زخموں کی جگہ ہے

اب روپ کی کتری کو دو آب اور زیادہ

چھلکے تری آنکھوں سے شراب اور زیادہ

تو عشق کے طوفان کو باہنوں میں جکڑ لے

تو عشق کے طوفان کو باہنوں میں جکڑ لے

تو عشق کے طوفان کو باہنوں میں جکڑ لے

اللہ کرے زور شباب اور زیادہ

کھلتے رہیں ہونٹوں کے گلاب اور زیادہ

چھلکے تری آنکھوں سے شراب اور زیادہ

***

آواز : محمد رفیع

اے پھولوں کی رانی بہاروں کی ملکہ

ترا مسکرانا غضب ہو گیا

نہ دل ہوش میں ہے نہ ہم ہوش میں ہیں

نظر کا ملانا غضب ہو گیا

اے پھولوں کی رانی بہاروں کی ملکہ

ترا مسکرانا غضب ہو گیا

ترے ہونٹ کیا ہیں گلابی کنول ہیں

ترے ہونٹ کیا ہیں گلابی کنول ہیں

یہ دو پتیاں پیار کی اک غزل ہیں

وہ نازک لبوں سے محبت کی باتیں

ہمیں کو سنانا غضب ہو گیا

اے پھولوں کی رانی بہاروں کی ملکہ

ترا مسکرانا غضب ہو گیا

کبھی کھل کے ملنا کبھی خود جھجکنا

کبھی کھل کے ملنا کبھی خود جھجکنا

کبھی راستوں پر بہکنا مچلنا

یہ پلکوں کی چلمن اٹھا کر گرانا

گرا کر اٹھانا غضب ہو گیا

اے پھولوں کی رانی بہاروں کی ملکہ

ترا مسکرانا غضب ہو گیا

فضاؤں میں ٹھنڈک گھٹا بھر جوانی

ترے گیسوؤں کی بڑی مہربانی

ہر اک پینچ میں سیکڑوں میکدے ہیں

ترا لڑکھڑانا غضب ہو گیا

اے پھولوں کی رانی بہاروں کی ملکہ

ترا مسکرانا غضب ہو گیا

***

فلم : آگ کا دریا

موسیقی : ونود

آواز : طلعت محمود

ایک دل ہزار غم

کیسے جی سکیں گے ہم

ایک دل ہزار غم

کیسے جی سکیں گے ہم

زندگی بچھڑ گئی

ہر خوشی اجڑ گئی

زندگی بچھڑ گئی

ہر خوشی اجڑ گئی

آنکھ ہو چلی ہے نم

کیسے جی سکیں گے ہم

ایک دل ہزار غم

کیسے جی سکیں گے ہم

آسماں بدل گیا

زمیں کا تیر چل گیا

آسماں بدل گیا

زمیں کا تیر چل گیا

ڈس رہے ہیں ہر ستم

ایک دل ہزار غم

کیسے جی سکیں گے ہم

***

فلم : بادل
آواز : مکیش

میں راہی بھٹکنے والا ہوں

کوئی کیا جانے متوالا ہوں

میں راہی بھٹکنے والا ہوں

کوئی کیا جانے متوالا ہوں

یہ مست گھٹا مری چادر ہے

یہ دھرتی میرا بستر ہے

یہ مست گھٹا مری چادر ہے

یہ دھرتی میرا بستر ہے

میں رات میں دن کا اجالا ہوں،

کوئی کیا جانے متوالا ہوں

یہ بجلی رات دکھاتی ہے

منزل پہ مجھے پہنچاتی ہے

یہ بجلی رات دکھاتی ہے

منزل پہ مجھے پہنچاتی ہے

میں طوفانوں کا پالا ہوں،

کوئی کیا جانے متوالا ہوں

میں مچلوں تو اک آگ بھی ہوں،

میں جھوموں تو اک راگ بھی ہوں،

میں مچلوں تو اک آگ بھی ہوں،

میں جھوموں تو اک راگ بھی ہوں،

دنیا سے دور نرالا ہوں،

کوئی کیا جانے متوالا ہوں

میں راہی بھٹکنے والا ہوں

***

فلم : بادشاہ

آوازیں : ہیمنت کمار، لتا منگیشکر

لتا : آ نیلے گگن تلے پیار ہم کریں

ہل مل کے پیار کا اقرار ہم کریں

آ نیلے گگن تلے پیار ہم کریں

لتا : یہ شام کی بیلا یہ مدھر مست نظارے

بیٹھے رہیں ہم تم یونہی بانہوں کے سہارے

یہ شام کی بیلا یہ مدھر مست نظارے

بیٹھے رہیں ہم تم یونہی بانہوں کے سہارے

وہ دن نہ آئے انتظار ہم کریں

آ نیلے گگن تلے پیار ہم کریں

ہیمنت : دو جاں ہیں ہم ایسے ملے ایک ہی ہو جائیں

ڈھونڈھا کرے دنیا ہمیں ہم پیار میں کھو جائیں

دو جاں ہیں ہم ایسے ملے ایک ہی ہو جائیں

ڈھونڈھا کرے دنیا ہمیں ہم پیار میں کھو جائیں

بے چین بہاروں کو گلزار ہم کریں

آ نیلے گگن تلے پیار ہم کریں

لتا : تو مانگ کا سیندور تو آنکھوں کا ہے کاجل

لے باندھ لے دامن کے سلاروں سے یہ آنچل

تم سامنے بیٹھے رہو شر نگار ہم کریں

آ نیلے گگن تلے پیار ہم کریں

دونوں : آ نیلے گگن تلے پیار ہم کریں

***

فلم : اپریل فول

آوازا : محمد رفیع

میری محبت پاک محبت اور جہاں کی خاک محبت

کہیں تمہیں پیار نہ ہو جائے

کہیں تمہیں پیار نہ ہو جائے

او بچ بچ کے چلنا حضور

میری محبت پاک محبت

پورب پچھم اتر دکشن میرے پیار کی سیما

میرا پیار ہے اتنا اونچا جیسے رام رحیما

میرا پیار ہے اتنا اونچا جیسے رام رحیما

میری محبت.....

تم کو پاکر سورگ سے سندر منزل میں نے پالی

تیرے پیار میں مر جانے کی قسم ہے میں نے کھالی

تیرے پیار میں مر جانے کی قسم ہے میں نے کھالی

میری محبت پاک محبت اور جہاں کی خاک محبت

کہیں تمہیں پیار نہ ہو جائے

کہیں تمہیں پیار نہ ہو جائے

***

فلم : اصلی نقلی

آوازیں : محمد رفیع ۔ لتا منگیشکر

رفیع : تجھے جیون کی ڈور سے ، باندھ لیا ہے ، باندھ لیا ہے

ترے ظلم و ستم ، سر آنکھوں پر

لتا : میں نے بدلے میں پیار کے ، پیار دیا ہے ، پیار دیا ہے

تری خوشیاں اور غم ، سر آنکھوں پر

لتا : تجھے جیون کی ڈور سے ، باندھ لیا ہے ، باندھ لیا ہے

ترے ظلم و ستم ، سر آنکھوں پر

رفیع : اپسرا کوئی آئے تو دیکھوں نہیں

کوئی بہکائے ہنس کے تو بہکوں نہیں

اپسرا کوئی آئے تو دیکھوں نہیں

کوئی بہکائے ہنس کے تو بہکوں نہیں

تورے متوارے نینوں نے جادو کیا

ہو تورے متوارے نینوں نے جادو کیا

تری الفت صنم سر آنکھوں پر

لتا : میں نے بدلے میں پیار کے، پیار دیا ہے، پیار دیا ہے

تری خوشیاں اور غم، سر آنکھوں پر

لتا : مرے جیون کی ان مٹ کہانی ہے تو

مری تقدیر اور زندگانی ہے تو

مرے جیون کی ان مٹ کہانی ہے تو

مری تقدیر اور زندگانی ہے تو

لئے پھرتے ہیں سب سے چھپائے ہوئے

ہو لئے پھرتے ہیں سب سے چھپائے ہوئے

تری تصویر ہم سر آنکھوں پر

رفیع : تجھے جیون کی ڈور سے ، باندھ لیا ہے ، باندھ لیا ہے

ترے ظلم و ستم ، سر آنکھوں پر

چانڈ سورج بھی ہیں تیری پرچھائیاں

تجھ سے روشن ہوئی دل کی گہرائیاں

چانڈ سورج بھی ہیں تیری پرچھائیاں

تجھ سے روشن ہوئی دل کی گہرائیاں

تیرے چہرے کی جھلمل سے منزل ملی

ہو تیرے چہرے کی جھلمل سے منزل ملی

ایسی پیاری پونم سر آنکھوں پر

لتا : میں نے بدلے میں پیار کے ، پیار دیا ہے ، پیار دیا ہے

تری خوشیاں اور غم ، سر آنکھوں پر

دونوں : تجھے جیون کی ڈور سے، باندھ لیا ہے، باندھ لیا ہے

تیرے ظلم ستم، سر آنکھوں پر

★★★

فلم : برسات

آواز : محمد رفیع

میں زندگی میں ہر دم روتا ہی رہا ہوں

میں زندگی میں ہر دم روتا ہی رہا ہوں

روتا ہی رہا ہوں ، تڑپتا ہی رہا ہوں

میں زندگی میں ہر دم روتا ہی رہا ہوں

امید کے دئیے بجھے دل میں ہے اندھیرا

امید کے دئیے بجھے دل میں ہے اندھیرا

جیون کا تو ساتھی نہ بنا کوئی بھی میرا

پھر کس کے لئے

پھر کس کے لئے آج میں جیتا ہی رہا ہوں،

میں زندگی میں ہر دم روتا ہی رہا ہوں

رہ رہ کے ہنسا ہے میری حالت پہ زمانا

رہ رہ کے ہنسا ہے میری حالت پہ زمانا

کیا دکھ ہے مجھے یہ تو کسی نے بھی نہ جانا

خاموش

خاموش محبت لئے پھرتا ہی رہا ہوں

میں زندگی میں ہر دم روتا ہی رہا ہوں

آئی نہ مجھے راس محبت کی فضائیں

آئی نہ مجھے راس محبت کی فضائیں

شرمائیں میری آنکھ سے ساون کی گھٹائیں

لہروں میں سدا

لہروں میں سدا غم کو بہاتا ہی رہا ہوں،

میں زندگی میں ہر دم روتا ہی رہا ہوں

میں زندگی میں ہر دم روتا ہی رہا ہوں

روتا ہی رہا ہوں، تڑپتا ہی رہا ہوں

میں زندگی میں ہر دم روتا ہی رہا ہوں

***

آواز: لتا منگیشکر

ہووو۔۔۔ مجھے کسی سے پیار ہو گیا

ہووو۔۔۔ مجھے کسی سے پیار ہو گیا

پیار ہو گیا دل بے قرار ہو گیا، بے قرار ہو گیا

ہووو۔۔۔ مجھے کسی سے پیار ہو گیا

درد چاہا تھا ہم نے چھپانا

کھل گیا پھر بھی دل کا فسانہ

درد چاہا تھا ہم نے چھپانا

کھل گیا پھر بھی دل کا فسانہ

دل نے یہ کیا کیا، او سلونے پیا،

مورا دھڑکے جیا

ہووو۔۔۔ مجھے کسی سے پیار ہو گیا

ہووو۔۔۔ مجھے کسی سے پیار ہو گیا

جو چھپانا میں نے چاہا

آنکھوں نے کہہ دیا

آنکھوں نے کہہ دیا

اور جو میں نے کہنا چاہا

دل میں ہی رہ گیا

ہووو۔۔۔ مجھے کسی سے پیار ہو گیا

ہووو۔۔۔ مجھے کسی سے پیار ہو گیا

آنکھوں آنکھوں میں کر کے اشارے

کس نے دل سے کہا ہم تمہارے

آنکھوں آنکھوں میں کر کے اشارے

کس نے دل سے کہا ہم تمہارے

ہائے یہ کیا کیا، وسلونے پیا،

مورا دھڑکے جیا

ہووو۔۔۔ مجھے کسی سے پیار ہو گیا

پیار ہو گیا دل بے قرار ہو گیا، بے قرار ہو گیا

ہووو۔۔۔ مجھے کسی سے پیار ہو گیا

***

آواز: لتا منگیشکر

میری آنکھوں میں بس گیا کوئی رے

موہے نیند نہ آئے میں کا کروں

میری آنکھوں میں بس گیا کوئی رے

مسکائے جب رات کی بندیا

مسکائے جب رات کی بندیا

اڑ جائے آنکھوں سے نندیا

ٹھنڈی ٹھنڈی میں آہیں بھروں، ہائے میں کا کروں؟

ہائے میں کا کروں ؟ ہائے میں کا کروں ؟

مری آنکھوں میں بس گیا کوئی رے

بات کریں جب چاند سے تارے

بات کریں جب چاند سے تارے

جل برسائیں نین ہمارے

تیری یادوں میں رو رو مروں ، ہائے میں کا کروں ؟

ہائے میں کا کروں ؟ ہائے میں کا کروں ؟

مری آنکھوں میں بس گیا کوئی رے

***

آواز: لتا منگیشکر

جیا بے قرار ہے، چھائی بہار ہے

آجا مورے بالما، تیرا انتظار ہے

جیا بے قرار ہے

ہوو۔۔۔۔۔، سورج دیکھے چندا دیکھے سب دیکھیں ہم ترسے ہو

سب دیکھیں ہم ترسیں

ہوو۔۔۔۔۔، سورج دیکھے چندا دیکھے سب دیکھیں ہم ترسے ہو

سب دیکھیں ہم ترسیں

جیسے برسے کوئی بدریا ویسے انکھیاں برسیں

جیسے برسے کوئی بدریا ویسے انکھیاں برسیں

ویسے انکھیاں برسیں

جیا بے قرار ہے، چھائی بہار ہے

آجا مورے بالما، تیرا انتظار ہے

جیا بے قرار ہے

ہو۔۔۔۔۔، نینوں سے ایک تارہ ٹوٹے مٹی میں مل جائے ہو

مٹی میں مل جائے

ہو۔۔۔۔۔، نینوں سے ایک تارہ ٹوٹے مٹی میں مل جائے ہو

مٹی میں مل جائے

آنسو کی برسات بلموا دل میں آگ لگائے

آنسو کی برسات بلموا دل میں آگ لگائے

دل میں آگ لگائے

جیا بے قرار ہے، چھائی بہار ہے

آجا مورے بالما، تیرا انتظار ہے

جیا بے قرار ہے

ہو۔۔۔۔، تجھ کو نظریں ڈھونڈھ رہی ہیں مکھڑا تو دکھلا جا ہو

مکھڑا تو دکھلا جا

ہو۔۔۔۔، تجھ کو نظریں ڈھونڈھ رہی ہیں مکھڑا تو دکھلا جا ہو

مکھڑا تو دکھلا جا

رستے پر ہوں، آس لگائے

جانے والے آجا

جانے والے آجا

جیا بے قرار ہے، چھائی بہار ہے

آجا مورے بالما، تیرا انتظار ہے

جیا بے قرار ہے

***

فلم : چوری چوری
آوازیں : لتا منگیشکر، منا ڈے

ہیمنت : آ جا صنم مدھر چاندنی میں ہم

تم ملیں تو ویرانے میں بھی آ جائے گی بہار

جھومنے لگے گا آسماں

جھومنے لگے گا آسماں

لتا : کہتا ہے دل اور مچلتا ہے دل

مورے ساجن لے چل مجھے تاروں کے پار

لگتا نہیں ہے دل یہاں

لگتا نہیں ہے دل یہاں

منا ڈے : بھیگی بھیگی رات یہ دل کا دامن تھام لے

کھوئی کھوئی زندگی ہر دم تیرا نام لے

لتا : چاند کی بہکی نظر، کہہ رہی ہے پیار کر

زندگی ہے اک سفر، کون جانے کل کدھر

چاند کی بہکی نظر، کہہ رہی ہے پیار کر

زندگی ہے اک سفر، کون جانے کل کدھر

دونوں : آجا صنم مدھر چاندنی میں ہم

تم ملیں تو ویرانے میں بھی آجائے گی بہار

جھومنے لگے گا آسماں

جھومنے لگے گا آسماں

منا ڈے : دل یہ چاہے آج تو، بادل بن اڑ جاؤں میں

دلہن جیسا آسماں، دھرتی پر لے آؤں میں

لتا : چاند کا ڈولا سجے، دھوم تاروں میں مچے

جھوم کے دنیا کہے، پیار میں دو دل ملے

چاند کا ڈولا سجے، دھوم تاروں میں مچے

جھوم کے دنیا کہے، پیار میں دو دل ملے

دونوں : آجا صنم مدھر چاندنی میں ہم

تم ملیں تو ویرانے میں بھی آجائے گی بہار

جھومنے لگے گا آسماں

جھومنے لگے گا آسماں

***

آواز : لتا منگیشکر، منا ڈے

لتا : پنچھی بنوں اڑتی پھروں مست گگن میں

آج میں آزاد ہوں، دنیا کے چمن میں

پنچھی بنوں اڑتی پھروں مست گگن میں

آج میں آزاد ہوں، دنیا کی چمن میں

منا ڈے : ہلو ری

کورس : ہلو ری ہلو ہلو ہلو ری

لتا : و میرے جیون میں چمکا سویرا

ہو مٹا دل سے وہ غم کا اندھیرا

وہ ہرے کھیتوں میں گائے کوئی لہرا

ہو یہاں دل پر کسی کا نہ پہرا

رنگ بہاروں نے بھرا میرے جیون میں

رنگ بہاروں نے بھرا میرے جیون میں

آج میں آزاد ہوں دنیا کے چمن میں

پنچھی بنوں اڑتی پھروں مست گگن میں

آج میں آزاد ہوں، دنیا کے چمن میں

مناڈے : ہلوری

کورس : ہلوری ہلو ہلو ہلوری

منا ڈے : ہلوری

کورس : ہلوری ہلو ہلو ہلوری

آ ۔ ۔ ۔ ۔ ۔

ہو دل یہ چاہے بہاروں سے کھیلوں

ہو گوری ندیا کی دھاروں سے کھیلوں

ہو چاند سورج ستاروں سے کھیلوں

ہو اپنی باہوں میں آکاش لے لوں

بڑھتی چلوں گاتی چلوں اپنی لگن میں -۲

آج میں آزاد ہوں ، دنیا کی چمن میں

پنچھی بنوں اڑتی پھروں مست گگن میں

آج میں آزاد ہوں، دنیا کی چمن میں

منا ڈے : ہلوری

کورس : ہلوری ہلو ہلو ہلوری

منا ڈے : ہلوری

کورس : ہلوری ہلو ہلو ہلوری

ہو میں تو اوڑھوں گی بادل کا آنچل

ہو میں تو پہنوں گی بجلی کی پائل

ہو چھین لوں گی گھٹاؤں سے کاجل

ہو میرا جیون ہے ندیا کی ہلچل

دل سے میرے لہریں اٹھیں ٹھنڈی پون میں

دل سے میرے لہریں اٹھیں ٹھنڈی پون میں

پنچھی بنوں اڑتی پھروں مست گگن میں

آج میں آزاد ہوں، دنیا کے چمن میں

منا ڈے : ہلوری

کورس : ہلوری ہلو ہلو ہلوری

منا ڈے : ہلوری

کورس : ہلوری ہلو ہلو ہلوری

***

فلم : دل ایک مندر
آواز : لتا منگیشکر

ہم تیرے پیار میں سارا عالم کھو بیٹھے

تم کہتے ہو کہ ایسے پیار کو بھول جاؤ، بھول جاؤ

ہم تیرے پیار میں سارا عالم

پنچھی سے چھڑا کر اس کا گھر، تم اپنے گھر پر لے آئے

یہ پیار کا پنجرہ من بھایا، ہم جی بھر بھر کر مسکائے

جب پیار ہوا اس پنجرے سے، تم کہنے لگے آزاد رہو

ہم کیسے بھلائیں پیار تیرا، تم اپنی زباں سے یہ نہ کہو

اب تم ساجہاں میں کوئی نہیں ہیں، ہم تو تمہارے ہو بیٹھے

تم کہتے ہو کہ ایسے پیار کو بھول جاؤ، بھول جاؤ

ہم تیرے پیار میں سارا عالم۔۔

اس تیرے چرن کی دھول سے ہم نے اپنی جیون مانگ بھری

جب ہی تو سہاگن کہلائی، دنیا کے نظر میں پیار بنی

تم پیار کی سندر مورت ہو، اور پیار ہماری پوجا ہے

اب ان چرنوں میں دم نکلے، بس اتنی اور تمنا ہے

ہم پیار کے گنگا جل سے بلم جی تن من اپنا دھو بیٹھے

تم کہتے ہو کہ ایسے پیار کو بھول جاؤ، بھول جاؤ

ہم تیرے پیار میں سارا عالم۔۔

سپنوں کا درپن دیکھا تھا، سپنوں کا درپن توڑ دیا

یہ پیار کا آنچل ہم نے تو، دامن سے تمہارے باندھ لیا

یہ ایسی گانٹھ ہے الفت کی، جس کو نہ کوئی بھی کھول سکا

تم آن بسے جب اس دل میں، دل پھر تو کہیں نہ ڈول سکا

او پیار کے ساگر ہم تیری لہروں میں ناؤ ڈبو بیٹھے

تم کہتے ہو کہ ایسے پیار کو بھول جاؤ، بھول جاؤ

ہم تیرے پیار میں سارا عالم کھو بیٹھے، کھو بیٹھے

تم کہتے ہو کہ ایسے پیار کو بھول جاؤ، بھول جاؤ

ہم تیرے پیار میں سارا عالم

***

فلم : برہم چاری

آواز : محمد رفیع

دل کے جھروکے میں تجھ کو بٹھا کر

یادوں کو تیری میں دلہن بنا کر

رکھوں گا میں دل کے پاس ، مت ہو میری جاں اداس

کل تیرے جلوے پرائے بھی ہوں گے ،

لیکن جھلک میرے خوابوں میں ہوگی

پھولوں کی ڈولی میں ہوگی تو رخصت

لیکن مہک میری سانسوں میں ہوگی

دل کے جھروکے میں تجھ کو بٹھا کر

یادوں کو تیری میں دلہن بنا کر

رکھوں گا میں دل کے پاس، مت ہو میری جاں اداس

اب بھی تیرے سرخ ہونٹوں کے پیالے،

میرے تصور میں ساقی بنے ہیں

اب بھی تیری زلف کے مست سائے،

برہا کی دھوپ میں ساتھی بنے ہیں

دل کے جھروکے میں تجھ کو بٹھا کر

یادوں کو تیری میں دلہن بنا کر

رکھوں گا میں دل کے پاس، مت ہو میری جاں اداس

میری محبت کو ٹھکرا دے چاہے،

میں کوئی تجھ سے نہ شکوا کروں گا

آنکھوں میں رہتی ہے تصویر تیری،

ساری عمر تیری پوجا کروں گا

دل کے جھروکے میں تجھ کو بٹھا کر

یادوں کو تیری میں دلہن بنا کر

رکھوں گا میں دل کے پاس، مت ہو میری جاں اداس

***

فلم : دیوانا

آواز : مکیش

اے صنم جس نے تجھے چاند سی صورت دی ہے

اس ہی مالک نے مجھے بھی تو محبت دی ہے

پھول اٹھالے تو کلائی میں لچک آجائے

تجھ حسینہ کو خدا نے وہ نزاکت دی ہے

میں جسے پیار سے چھو لوں، وہی ہو جائے میرا

اس ہی مالک نے مجھے بھی تو محبت دی ہے

اے صنم جس نے تجھے

میں گزرتا ہی گیا تیری حسین راہوں سے

ایک ترے نام نے کیا کیا مجھے ہمت دی ہے

میرے دل کو بھی ذرا دیکھ کہاں تک ہوں میں

اس ہی مالک نے مجھے بھی تو محبت دی ہے

تو اگر چاہے تو دنیا کو نچا دے ظالم

چال بھی ہے تجھے مالک نے قیامت دی ہے

میں اگر چاہوں تو پتھر کو بنا دوں پانی

اس ہی مالک نے مجھے بھی تو محبت دی ہے

اے صنم جس نے تجھے چاند سی صورت دی ہے

اس ہی مالک نے مجھے بھی تو محبت دی ہے

***

فلم : ایک دل سو افسانے

آواز : مکیش

کچھ شعر سناتا ہوں میں

کچھ شعر سناتا ہوں میں

جو تجھ سے مخاطب ہے

اک حسن پری دل میں ہے ، یہ ان سے مخاطب ہے

کچھ شعر سناتا ہوں میں

سیکھی ہے تم سے پھول نے ، ہنسنے کی ہر ادا

سیکھی ہوا نے تم سے ہی، چلنے کی ہر ادا

آئینہ تم کو دیکھ کے حیران ہو گیا

اک بے زبان تم سے پشیمان ہو گیا

کتنی بھی تعریف کروں رکتی نہیں زباں

رکتی نہیں زباں

کچھ شعر سنا تا ہوں میں

کچھ شعر سنا تا ہوں میں

ہاتھوں کی لوچ رس بھری شاخوں کی داستاں

نازک ہتھیلیوں پہ وہ مہندی کا گلستاں

پڑ جائے تم پہ دھوپ تو سنولائے گورا تن

مخمل پہ تم چلو تو، چھلے پاؤں گلبدن

کتنی بھی تعریف کروں رکتی نہیں زباں

رکتی نہیں زباں

کچھ شعر سناتا ہوں میں

کچھ شعر سناتا ہوں میں

آنکھیں اگر جھکیں تو محبت مچل اٹھے

نظریں اگر اٹھیں تو قیامت مچل اٹھے

انداز میں حضور کا ثانی نہیں کوئی

دونوں جہاں میں ایسی، جوانی نہیں کوئی

کتنی بھی تعریف کروں، رکتی نہیں زباں

رکتی نہیں زباں

کچھ شعر سناتا ہوں میں

آواز کیا ہے جیسے کوئی بانسری بجے

جس راگنی کو گالو وہی راگنی سجے

باتیں کرو تو کھلنے لگیں پھول پیار کے

چپ سی رہو تو سونے لگے دن بہار کے

کتنی بھی تعریف کروں، رکتی نہیں زباں

رکتی نہیں زباں

کچھ شعر سناتا ہوں میں

***

فلم : ہلاکو
آواز : لتا منگیشکر

اسے مل گئی نئی زندگی جسے دردِ دل نے مٹا دیا

وہ بہار بن کے سنور گیا جسے سازِ غم نے جلا دیا

اسے مل گئی نئی زندگی جسے دردِ دل نے مٹا دیا

جو کسی کے پیار میں مٹ گیا رہیں یاد اس کی نشانیاں

وہ رہا دلوں کے جہان میں جسے دل لگی نے مٹا دیا

وہ رہا دلوں کے جہان میں جسے دل لگی نے مٹا دیا

اسے مل گئی نئی زندگی جسے دردِ دل نے مٹا دیا

جو تڑپ سے خالی ہے زندگی وہ شمع ہے جیسے بجھی ہوئی

مرے دلربا ترا شکریہ مری حسرتوں کو جگا دیا

مرے دلربا ترا شکریہ مری حسرتوں کو جگا دیا

اسے مل گئی نئی زندگی جسے دردِ دل نے مٹا دیا

جہاں دیکھتے ہیں وہاں ہے تو ہمیں اور کچھ بھی خبر نہیں

تیرے پیار کا وہ نشہ ہوا کہ زمانہ بھر کو بھلا دیا

اسے مل گئی نئی زندگی جسے دردِ دل نے مٹا دیا

***

فلم : ہمراہی

آوازیں : محمد رفیع، مبارک بیگم

مبارک : مجھ کو اپنے گلے لگا لو، اے میرے ہم راہی

مجھ کو اپنے گلے لگا لو، اے میرے ہم راہی

تم کو کیا بتلاؤں میں

کہ تم سے کتنا پیار ہے

مجھ کو اپنے گلے لگا لو

رفیع : مجھ کو اپنے گلے لگا لو، اے میرے ہم راہی

تم کو کیا بتلاؤں میں

کہ تم سے کتنا پیار ہے

مجھ کو اپنے گلے لگا لو

مبارک : جب تم مجھ سے دور رہتے ہو

جیا مرا گھبراتا ہے

نیند آنکھوں سے اڑ جاتی ہے

چاند اگن برساتا ہے

دونوں پہلو جل جاتے ہیں

آگ میں آگ لگاتا ہے

جیسے تڑپے بن جل مچھلی

پیار مجھے تڑپاتا ہے، پیار مجھے تڑپاتا ہے

اس الجھن سے مجھ کو بچا لو، اے میرے ہم راہی

تم کو کیا بتلاؤں میں

کہ تم سے کتنا پیار ہے

مجھ کو اپنے گلے لگا لو

رفیع : مجھ کو اپنے گلے لگا لو، اے میرے ہم راہی

تم کو کیا بتلاؤں میں

کہ تم سے کتنا پیار ہے

مجھ کو اپنے گلے لگا لو

رفیع : جن راہوں پر ہنس کے چلو تم

پھول وہاں کھل جاتے ہیں

دم لینے کو جہاں رکو تم

مدھوشالے بن جاتے ہیں

تم کو چھو کر پون جھکورے

خوشبو لے کر جاتے ہیں

لیکن ہم تو دیکھ کے صورت

دل تھامے رہ جاتے ہیں، دل تھامے رہ جاتے ہیں

دل سے دل کے تار ملا لو، اے میرے ہم راہی

تم کو کیا بتلاؤں میں

کہ تم سے کتنا پیار ہے

مجھ کو اپنے گلے لگا لو

مبارک : مجھ کو اپنے گلے لگا لو، اے میرے ہم راہی

تم کو کیا بتلاؤں میں

کہ تم سے کتنا پیار ہے

مجھ کو اپنے گلے لگا لو

مبارک : جب تک تم کو میں نہ دیکھوں

چین مجھے کب آتا ہے

کھوج میں تیری من کا پنچھی

دور کہیں کھو جاتا ہے

رفیع : جب تم مجھ کو مل جاتی ہو

درد دوا بن جاتا ہے

ورنہ تم بن سارا جیون

سونا بن کہلاتا ہے

ہر منزل پر مجھ کو سنبھالو، اے میرے ہم راہی

دونوں : تم کو کیا بتلاؤں میں

کہ تم سے کتنا پیار ہے

مجھ کو اپنے گلے لگا لو

مجھ کو اپنے گلے لگا لو، اے میرے ہم راہی

تم کو کیا بتلاؤں میں

کہ تم سے کتنا پیار ہے

مجھ کو اپنے گلے لگا لو

★★★

آواز: محمد رفیع

یہ آنسو میرے دل کی زبان ہیں

یہ آنسو میرے دل کی زبان ہیں

میں روؤں تو رو دیں آنسو

میں ہنس دوں تو ہنس دیں آنسو

یہ آنسو میرے دل کی زبان ہیں

یہ آنسو میرے دل کی زبان ہیں

آنکھ سے ٹپکی جو چنگاری، ہر آنسو میں چھبی تمہاری

چیر کے میرے دل کو دیکھو، بہتے لہو میں پریت تمہاری

یہ جیون جیسے سلگا طوفان ہے

یہ آنسو میرے دل کی زبان ہیں

یہ آنسو میرے دل کی زبان ہیں

میں روؤں تو رو دیں آنسو

میں ہنس دوں تو ہنس دیں آنسو

یہ آنسو میرے دل کی زبان ہیں

یہ آنسو میرے دل کی زبان ہیں

جیون پتھ پر جیون ساتھی، ساتھ چلے ہو منہ نہ موڑو

دردو غم کے دوراہے پر، مجھ کو تڑپتا یوں نہ چھوڑو

یہ نغمہ میرے غم کا بیان ہے

یہ آنسو میرے دل کی زبان ہیں

یہ آنسو میرے دل کی زبان ہیں

میں روؤں تو رو دیں آنسو

میں ہنس دوں تو ہنس دیں آنسو

یہ آنسو میرے دل کی زبان ہیں

یہ آنسو میرے دل کی زبان ہیں

***

فلم : جب پیار کسی سے ہوتا ہے
آواز : محمد رفیع ، لتا منگیشکر

رفیع : سو سال پہلے مجھے تم سے پیار تھا

مجھے تم سے پیار تھا

آج بھی ہے اور کل بھی رہے گا

لتا : صدیوں سے تجھ سے ملنے جیا بے قرار تھا

جیا بے قرار تھا

آج بھی ہے اور کل بھی رہے گا

رفیع : سو سال پہلے۔۔۔

رفیع : تم روٹھا نہ کرو مری جاں مری جان نکل جاتی ہے

تم ہنستی رہتی ہو تو اک بجلی سی چمک جاتی ہے

تم روٹھا نہ کرو مری جاں مری جان نکل جاتی ہے

تم ہنستی رہتی ہو تو اک بجلی سی چمک جاتی ہے

مجھے جینے جی او دلبر، ترا انتظار تھا

ترا انتظار تھا

آج بھی ہے اور اور کل بھی رہے گا

سو سال پہلے۔۔۔

اس دل کے تاروں میں مدھر جھنکار تمہیں سے ہے

اور یہ حسین جلوہ یہ مست بہار تمہیں سے ہے

اس دل کے تاروں میں مدھر جھنکار تمہیں سے ہے

اور یہ حسین جلوہ یہ مست بہار تمہیں سے ہے

یہ دل تو میرا صنم، ترا طلبگار تھا

ترا طلبگار تھا

آج بھی ہے اور اور کل بھی رہے گا

سو سال پہلے ۔ ۔ ۔

لتا : ان پیار کی راہوں میں کہو تو اب دل کو لٹا دوں میں

چاندی کے قدموں میں دھڑکتے دل کو بچھا دوں میں

ان پیار کی راہوں میں کہو تو اب دل کو لٹا دوں میں

چاندی کے قدموں میں دھڑکتے دل کو بچھا دوں میں

تجھے میرے جیون پر سدا اختیار تھا

سدا اختیار تھا

آج بھی ہے اور اور کل بھی رہے گا

سو سال۔۔۔۔

سو سال پہلے مجھے تم سے پیار تھا

مجھے تم سے پیار تھا

آج بھی ہے اور کل بھی رہے گا

***

فلم : جھنک جھنک پایل باجے

موسیقار : وسنت دیسائی

آوازیں : لتا منگیشکر، ہیمنت کمار

لتا : نین سو نین ناہیں ملاؤ

نین سو نین ناہیں ملاؤ

دیکھت صورت آوت لاج، سیاں

ہیمنت : پیار سے پیار آ کے سجاؤ

پیار سے پیار آ کے سجاؤ

مدھر ملن گاوت آج، گئیاں

نین سو نین ناہیں ملاؤ

نین سو نین۔۔۔

لتا اور کورس : آ۔۔۔۔۔

ہیمنت : آ۔۔۔۔

کھینچو کمان مارو جی بان

رت ہے جوان او مورے پران

رت ہے جوان او مورے پران

-رک کیوں گئے ؟

ہیمنت : تم نے چوری کر لی کمان

کیسے ماروں پریت کا بان، گئیاں

لتا : نین سو نین ناہیں ملاؤ

نین سو نین۔۔۔۔۔

لتا، کورس : آ۔۔۔

ہیمنت : رم جھم گائے جھرنوں کی دھار

دل کو لبھائے کوئل پکار

ہیمنت : نہیں !

لتا : تو پھر ؟

ہیمنت :: جھرنوں کی دھاروں میں تیرا سنگیت

گائے کوئل تیرا ہی گیت، گئیاں

لتا : نین سو نین ناہیں ملاؤ

نین سو نین ----

لتا اور کورس : آ---

ہیمنت اور کورس : آ---

لتا : نیلے گگن پہ جھومیں گے آج

نیلے گگن پہ جھومیں گے آج

بادل کا پیار دیکھیں گے آج

ہیمنت : بادل نیتا ہے بجلی پتوار

ہم تم چل دیں دنیا کے پار، سییاں ----

لتا : نین سو نین ناہیں ملاؤ

دیکھت صورت آوت لاج سیاں

نین سو نین۔۔۔۔۔

***

آواز : لتا منگیشکر

میرے اے دل بتا، پیار تو نے کیا

پائی میں نے سزا، کیا کروں ؟ کیا کروں ؟

میرے اے دل بتا

میرے اے دل بتا

تو خوشی کے سمندر سے کھیلا کیا

کس مزے سے مجھے تو نے دھوکا دیا

تجھ کو موتی ملے، مجھ کو آنسو ملے

کیا کروں ؟ کیا کروں ؟

میرے اے دل بتا

میرے اے دل بتا

تو تو پاگل رہا پیار کے راگ میں

تو نے ڈالا مجھے درد کی آگ میں

تیری قسمت کھلی، میری دنیا جلی

کیا کروں ؟ کیا کروں ؟

میرے اے دل بتا

میرے اے دل بتا

ورنداون کو چلی رام کے ساتھ میں سکھ کو ٹھکرا دیا

تیاگ کے کانٹوں پر ہنس کے چلتی رہی یہ جنک کی سیتا

میرے اے دل بتا، کیا کروں؟ کیا کروں؟

میرے اے دل بتا

میرے اے دل بتا

مہارانی میرا نے جوگن بن محلوں کا تیاگ کیا

لے اکتارا چلی ڈھونڈنے منموہن کا کہاں پتہ

میرے اے دل بتا

میرے اے دل بتا

***

فلم : جنگلی

آواز : لتا منگیشکر

جا جا جا میرے بچپن ، کہیں جا کے چھپ ناداں

جا جا جا میرے بچپن ، کہیں جا کے چھپ ناداں

یہ سفر ہے اب مشکل ، آنے کو ہے طوفاں

جا جا جا میرے بچپن ، کہیں جا کے چھپ ناداں

جا جا جا مرے بچپن

زندگی کو نئے رنگ ملنے لگے

ایک کرن چھو گئی ، پھول کھلنے لگے

زندگی کو نئے رنگ ملنے لگے

ایک کرن چھو گئی، پھول کھلنے لگے

جا جا جا میرے بچپن، کہیں جا کے چھپ ناداں

جا جا جا مرے بچپن

ایک کسک ہر گھڑی دل میں رہنے لگی

جو کہ تڑپا گئی، پھر بھی اچھی لگی

ایک کسک ہر گھڑی دل میں رہنے لگی

جو کہ تڑپا گئی، پھر بھی اچھی لگی

جا جا جا میرے بچپن، کہیں جا کے چھپ ناداں

جا جا جا مرے بچپن

***

فلم : کٹھ پتلی

موسیقار : سبیر سین

آواز : ہیمنت کمار

منزل وہی ہے پیار کی راہی بدل گئے

سپنوں کی محفل میں ہم تم نئے

منزل وہی ہے پیار کی راہی بدل گئے

منزل وہی ہے پیار کی راہی بدل گئے

منزل وہی ہے پیار کی راہی بدل گئے

اس دیش کی چاندنی گائے گی یہ داستاں

موسم تھا وہ بہار کا دل کھل مچل گئے

موسم تھا وہ بہار کا دل کھل مچل گئے

سپنوں کی محفل میں ہم تم نئے

چھپ نہ سکے میرے راز، نغموں میں ڈھلنے لگے

چھپ نہ سکے میرے راز، نغموں میں ڈھلنے لگے

روکا تھا دل نے مگر، پہلو بدلنے لگے

وہ دن ہی کچھ عجیب تھے جو آج کل گئے

وہ دن ہی کچھ عجیب تھے جو آج کل گئے

سپنوں کی محفل میں ہم تم نئے

***

فلم : لاٹ صاب

آواز : محمد رفیع

جانے میرا دل کسے ڈھونڈھ رہا ہے ان ہری بھری وادیوں میں

کبھی نہ کبھی تو ٹکرائے گا دل دل سے انہیں آبادیوں میں

او۔۔۔ جانے میرا دل کسے ڈھونڈھ رہا ہے ان ہری بھری وادیوں میں

یہ کس کی لگن منزل منزل ہر روز مجھے لے جاتی ہے

یہ کس کی تمنا سینہ میں جو آس کے دیپ جلاتی ہے

یہ کس کی تمنا سینہ میں جو آس کے دیپ جلاتی ہے

او۔۔۔ جانے میرا دل کسے ڈھونڈھ رہا ہے ان ہری بھری وادیوں میں

جھرنوں میں نہاتی جل پریاں کیوں جانے مجھے للچاتی ہیں

جنگل کی کنواری کلیاں بھی ہنس ہنس کے قیامت ڈھاتی ہیں

جنگل کی کنواری کلیاں بھی ہنس ہنس کے قیامت ڈھاتی ہیں

او۔۔ جانے میرا دل کسے ڈھونڈھ رہا ہے ان ہری بھری وادیوں میں

جب دیکھے بنا مدہوش ہوں میں دیکھوں گا اسے تو کیا ہوگا

کیا نور بھری صورت ہوگی کیا پیار بھرا جلوہ ہوگا

کیا نور بھری صورت ہوگی کیا پیار بھرا جلوہ ہوگا

او۔۔ جانے میرا دل کسے ڈھونڈھ رہا ہے ان ہری بھری وادیوں میں

***

فلم : لو میریج

آواز : محمد رفیع ، لتا منگیشکر

دھیرے دھیرے چل ، چاند گگن میں

دھیرے دھیرے چل ، چاند گگن میں

ارے ، دھیرے دھیرے چل ، چاند گگن میں

ارے دھیرے دھیرے چل ، چاند گگن میں

لتا : کہیں ڈھل نہ جائے رات ، ٹوٹ نہ جائیں سپنے

دھیرے دھیرے چل ، چاند گگن میں

کہیں ڈھل نہ جائے رات ، ٹوٹ نہ جائیں سپنے

دھیرے دھیرے چل، چاند گگن میں

رفیع : تو جھوم کے چلے تو دل پہ چلے کٹاری

لتا : ہو۔۔ ہے میٹھی چھری یہ ظالم نظر تمہاری

رفیع : تو جھوم کے چلے تو دل پہ چلے کٹاری

لتا : ہو۔۔ ہے میٹھی چھری یہ ظالم نظر تمہاری

رفیع : گن گن گونجے راگ، آج پون میں

ارے دھیرے دھیرے چل چاند گگن میں

لتا : کہیں ڈھل نہ جائے رات، ٹوٹ نہ جائیں سپنے

ارے دھیرے دھیرے چل چاند گگن میں

رفیع : وہ کیا چیز تھی ملا کے نظر پلا دی

لتا : ہوا وہ اثر کہ ہم نے نظر جھکا دی

رفیع : وہ کیا چیز تھی ملا کے نظر پلا دی

لتا : ہوا وہ اثر کہ ہم نے نظر جھکا دی

رفیع : ہوں گی دو دو بات، آج ملن میں

ارے دھیرے دھیرے چل چاند گگن میں

لتا : کہیں ڈھل نہ جائے رات، ٹوٹ نہ جائیں سپنے

ارے دھیرے دھیرے چل چاند گگن میں

رفیع : دو دل مل گئے، دئیے جل گئے ہزاروں

لتا : ہو۔۔ اجی، تم مل گئے، تو گل کھل گئے ہزاروں

رفیع : دو دل مل گئے، دئیے جل گئے ہزاروں

لتا : ہو۔۔ اجی، تم مل گئے، تو گل کھل گئے ہزاروں

رم جھم برسے پیار آج چمن میں

ارے، دھیرے دھیرے چل چاند گگن میں

لتا : کہیں ڈھل نہ جائے رات، ٹوٹ نہ جائیں سپنے

ارے دھیرے دھیرے چل چاند گگن میں

رفیع : دھیرے دھیرے چل چاند گگن میں

***

فلم : میرے حضور

آواز : محمد رفیع

غم اٹھانے کے لئے میں تو جیے جاؤں گا

سانس کی لے پہ ترا نام لئے جاؤں گا

غم اٹھانے کے لئے میں تو جیے جاؤں گا

ہائے تو نے مجھے الفت کے سوا کچھ نہ دیا

اور میں نے تجھے نفرت کے سوا کچھ نہ دیا

ہائے تو نے مجھے الفت کے سوا کچھ نہ دیا

اور میں نے تجھے نفرت کے سوا کچھ نہ دیا

تجھ سے شرمندہ ہوں اے میری وفا کی دیوی

تیرا مجرم ہوں، مصیبت کے سوا کچھ نہ دیا

غم اٹھانے کے لئے میں تو جیے جاؤں گا

غم اٹھانے کے لئے میں تو جیے جاؤں گا۔۔۔۔

تو خیالوں میں مرے اب بھی چلی آتی ہے

اپنی پلکوں پہ ان اشکوں کا جنازہ لے کر

تو خیالوں میں مرے اب بھی چلی آتی ہے

اپنی پلکوں پہ ان اشکوں کا جنازہ لے کر

تو نے نیندیں کریں قربان مری راہوں میں

میں نشہ میں رہا اوروں کا سہارا لے کر

غم اٹھانے کے لئے میں تو جیے جاؤں گا

غم اٹھانے کے لئے میں تو جیے جاؤں گا۔۔۔۔۔

***

آواز : محمد رفیع

جو گزر رہی ہے مجھ پر اسے کیسے میں بتاؤں

جو گزر رہی ہے مجھ پر اسے کیسے میں بتاؤں

وہ خوشی ملی ہے مجھ کو میں خوشی سے مر نہ جاؤں

وہ خوشی ملی ہے مجھ کو میں خوشی سے مر نہ جاؤں

مرے دل کی دھڑکنوں کا یہ سلام تم کو پہنچے

میں تمہارا ہم نشیں ہوں یہ پیام تم کو پہنچے

اسے بندگی میں سمجھوں جو تمہارے کام آؤں

وہ خوشی ملی ہے مجھ کو میں خوشی سے مر نہ جاؤں

مرے دل کی محفلوں میں وہ مقام ہے تمہارا

کہ خدا کے بعد لب پر بس نام ہے تمہارا

مری آرزو یہی ہے میں تمہارے گیت گاؤں

وہ خوشی ملی ہے مجھ کو میں خوشی سے مر نہ جاؤں

مری زندگی میں ہمدم کبھی غم نہ تو اٹھانا

کبھی آئیں جو اندھیرے مجھے پیار سے بلانا

میں چراغ ہوں وفا کا میں اندھیرے جگمگاؤں

وہ خوشی ملی ہے مجھ کو میں خوشی سے مر نہ جاؤں

***

آوازیں محمد رفیع، لتا منگیشکر

آ۔۔۔آ۔۔۔

تیرا چہرہ کنول سمجھتا ہوں، چاندنی کا بدل سمجھتا ہوں،

تیری آنکھیں نہیں دو مصرعے ہیں، تیری آنکھیں غزل سمجھتا ہوں

لتا: تیرا چہرہ صبح کا سورج ہے، تجھ سے ملنے کی آس رہتی ہے

تیرے جلوے کہیں بھی روشن ہوں، روشنی دل کے پاس رہتی ہے

رفیع: آ۔۔

کیا کیا نہ سہے ہم نے ستم آپ کی خاطر

کیا کیا نہ سہے ہم نے ستم آپ کی خاطر

یہ جان بھی جائے گی صنم آپ کی خاطر

یہ جان بھی جائے گی صنم آپ کی خاطر

لتا : تڑپے ہیں سدا اپنی قسم آپ کی خاطر

نکلے گا کسی روز یہ دم آپ کی خاطر

رفیع : اک آپ جو مل جائیں تو مل جائے خدائی

اک آپ جو مل جائیں تو مل جائے خدائی

اک آپ جو مل جائیں تو مل جائے خدائی

منظور ہیں دنیا کے الم آپ کی خاطر

منظور ہیں دنیا کے الم آپ کی خاطر

لتا : تڑپے ہیں سدا اپنی قسم آپ کی خاطر

نکلے گا کسی روز یہ دم آپ کی خاطر

لتا : ہم آپ کی تصویر نگاہوں میں چھپا کر

ہم آپ کی تصویر نگاہوں میں چھپا کر

ہم آپ کی تصویر نگاہوں میں چھپا کر

جاگا کیے اکثر شب غم آپ کی خاطر

جاگا کیے اکثر شب غم آپ کی خاطر

رفیع : کیا کیا نہ سہے ہم نے ستم آپ کی خاطر

یہ جان بھی جائے گی صنم آپ کی خاطر

رفیع : لوگوں نے ہمیں آپ کا دیوانہ بتایا

لوگوں نے ہمیں آپ کا دیوانہ بتایا

لوگوں نے ہمیں آپ کا دیوانہ بتایا

ایسے بھی ہوئے ہم پہ کرم آپ کی خاطر

ایسے بھی ہوئے ہم پہ کرم آپ کی خاطر

لتا : تڑپے ہیں سدا اپنی قسم آپ کی خاطر

نکلے گا کسی روز یہ دم آپ کی خاطر

لتا : ہم راہِ وفا سے کبھی پیچھے نہ ہٹیں گے

ہم راہِ وفا سے کبھی پیچھے نہ ہٹیں گے

ہم راہِ وفا سے کبھی پیچھے نہ ہٹیں گے

سن لیجیے مٹ جائیں گے ہم آپ کی خاطر

سن لیجیے مٹ جائیں گے ہم آپ کی خاطر

رفیع : کیا کیا نہ سہے ہم نے ستم آپ کی خاطر

یہ جان بھی جائے گی صنم آپ کی خاطر

لتا : تڑپے ہیں سدا اپنی قسم آپ کی خاطر

نکلے گا کسی روز یہ دم آپ کی خاطر

رفیع : یہ جان بھی جائے گی صنم آپ کی خاطر

لتا : نکلے گا کسی روز یہ دم آپ کی خاطر

***

آواز : محمد رفیع

اپنے رخ پہ نگاہ کرنے دو، خوبصورت گناہ کرنے دو

رخ سے پردہ ہٹاؤ جان حیا، آج دل کو تباہ کرنے دو

رخ سے ذرا نقاب اٹھا دو، میرے حضور

رخ سے ذرا نقاب اٹھا دو، میرے حضور

جلوہ پھر ایک بار دکھا دو مرے حضور

وہ مرمریں سے ہاتھ وہ مہکا ہوا بدن

وہ مرمریں سے ہاتھ وہ مہکا ہوا بدن

ٹکرایا میرے دل سے محبت کا اک چمن

میرے بھی دل کا پھول کھلا دو، میرے حضور

رخ سے ذرا نقاب اٹھا دو، میرے حضور

جلوہ پھر ایک بار دکھا دو مرے حضور

حسن وجمال آپ کا شیشے میں دیکھ کر

حسن وجمال آپ کا شیشے میں دیکھ کر

مدہوش ہو چکا ہوں، میں جلووں کی راہ پر

گر ہو سکے تو ہوش میں لا دو میرے حضور

رخ سے ذرا نقاب اٹھا دو میرے حضور

جلوہ پھر ایک بار دکھا دو مرے حضور

تم ہم سفر ملے ہو مجھے اس حیات میں

تم ہم سفر ملے ہو مجھے اس حیات میں

مل جائے چاند جیسے کوئی سونی رات میں

جاگے ہو تم کہاں یہ بتا دو میرے حضور

رخ سے ذرا نقاب اٹھا دو میرے حضور

جلوہ پھر ایک بار دکھا دو مرے حضور

***

فلم : پگلا کہیں کا

آواز : محمد رفیع

تم مجھے یوں بھلا نہ پاؤ گے

ہاں تم مجھے یوں بھلا نہ پاؤ گے

جب کبھی بھی سنو گے گیت مرے

سنگ سنگ تم بھی گنگناؤ گے

ہاں تم مجھے یوں بھلا نہ پاؤ گے

ہو تم مجھے یوں بھلا نہ پاؤ گے

وہ بہاریں وہ چاندنی راتیں ، ہم نے کی تھی جو پیار کی باتیں

وہ بہاریں وہ چاندنی راتیں، ہم نے کی تھی جو پیار کی باتیں

ان نظاروں کی یاد آئے گی، جب خیالوں میں مجھ کو لاؤ گے

ہاں تم مجھے یوں بھلا نہ پاؤ گے

ہو تم مجھے یوں بھلا نہ پاؤ گے

میرے ہاتھوں میں تیرا چہرہ تھا، جیسے کوئی گلاب ہوتا ہے

میرے ہاتھوں میں تیرا چہرہ تھا، جیسے کوئی گلاب ہوتا ہے

اور سہارا لیا تھا باہنوں کا

وہ شام کس طرح بھلاؤ گے

ہاں تم مجھے یوں بھلا نہ پاؤ گے

ہو تم مجھے یوں بھلا نہ پاؤ گے

مجھ کو دیکھے بنا قرار نہ تھا، ایک ایسا بھی دور گزرا ہے

مجھ کو دیکھے بنا قرار نہ تھا، ایک ایسا بھی دور گزرا ہے

جھوٹ مانو تو پوچھ لو دل سے

میں کہوں گا تو روٹھ جاؤ گے

ہاں تم مجھے یوں بھلا نہ پاؤ گے

ہو تم مجھے یوں بھلا نہ پاؤ گے

جب کبھی بھی سنو گے گیت مرے

سنگ سنگ تم بھی گنگناؤ گے

ہاں تم مجھے یوں بھلا نہ پاؤ گے

***

فلم : پرورش

موسیقار : دتارام

آوازیں : لتا منگیشکر، منا ڈے

منا ڈے : مستی بھرا ہے سماں، ہم تم ہے دونوں یہاں

آنکھوں میں آجا، دل میں سما جا، جھومیں زمیں آسماں

لتا : مستی بھرا ہے سماں، ہم تم ہے دونوں یہاں

آنکھوں میں آجا، دل میں سما جا، جھومیں زمیں آسماں

منا ڈے : مستی بھرا ہے سماں

لتا : نیلی آنکھ ملالو جی ، دل میں آج چھپالو جی

نیلی آنکھ ملالو جی ، دل میں آج چھپالو جی

مناڈے : باہوں میں باہیں ڈالو جی ، گر نہ جائے سنبھالو جی

بھیگی ہواؤں میں ، ایسی فضاؤں میں ہوش مجھے ہے کہاں

لتا : مستی بھرا ہے سماں ، ہم تم ہے دونوں یہاں

آنکھوں میں آجا ، دل میں سماجا ، جھومیں زمیں آسماں

مناڈے : مستی بھرا ہے سماں

مناڈے : پیار سے پیار سجائے چل ، من کی پیاس بجھائے چل

پیار سے پیار سجائے چل ، من کی پیاس بجھائے چل

لتا : پیار کا راگ سنائے چل ، دل کا ساز بجائے چل

پنچھی بھی گائیں گے ، سب کو سنائیں گے ، تیری میری داستاں

مناڈے : مستی بھرا ہے سماں ، ہم تم ہے دونوں یہاں

آنکھوں میں آجا ، دل میں سما جا ، جھومیں زمیں آسماں

لتا : مستی بھرا ہے سماں

***

آواز : مکیش

آنسو بھری ہیں یہ جیون کی راہیں

کوئی ان سے کہہ دے ہمیں بھول جائیں

آنسو بھری ہیں

وعدے بھلا دیں قسم توڑ دیں وہ

وعدے بھلا دیں قسم توڑ دیں وہ

حالت پہ اپنی ہمیں چھوڑ دیں وہ

انہیں گھر مبارک ہمیں اپنی آہیں

کوئی ان سے کہہ دے ہمیں بھول جائیں

آنسو بھری ہیں

بربادیوں کی عجب داستاں ہوں

بربادیوں کی عجب داستاں ہوں

شبنم بھی روئے میں ایسا جہاں ہوں

ایسے جہاں سے کیوں ہم دل لگائیں

کوئی ان سے کہہ دے ہمیں بھول جائیں

آنسو بھری ہیں

***

فلم : راج ہٹ

آواز : محمد رفیع

آئے بہار بن کے لبھا کر چلے گئے

آئے بہار بن کے لبھا کر چلے گئے

کیا راز تھا جو دل میں چھپا کر چلے گئے

آئے بہار بن کے لبھا کر چلے گئے

کہنے کو وہ حسین تھے آنکھیں تھیں بے وفا

ہائے آنکھیں تھیں بے وفا

کہنے کو وہ حسین تھے آنکھیں تھیں بے وفا

ہائے

دامن مری نظر سے بچا کر چلے گئے

آئے بہار بن کے لبھا کر چلے گئے

اتنا مجھے بتاؤ میرے دل کی دھڑکنو!

ہائے دل کی دھڑکنو!

اتنا مجھے بتاؤ میرے دل کی دھڑکنوں

ہائے

وہ کون تھے جو خواب دکھا کر چلے گئے

آئے بہار بن کے لبھا کر چلے گئے

***

فلم : راج کمار

آواز : محمد رفیع

اس رنگ بدلتی دنیا میں انسان کی نیت ٹھیک نہیں

نکلا نہ کرو تم سج دھج کر ایمان کی نیت ٹھیک نہیں

اس رنگ بدلتی دنیا میں انسان کی نیت ٹھیک نہیں

یہ دل ہے بڑا ہی دیوانہ چھیڑا نہ کرو اس پاگل کو

یہ دل ہے بڑا ہی دیوانہ چھیڑا نہ کرو اس پاگل کو

تم سے نہ شرارت کر بیٹھے نادان کی نیت ٹھیک نہیں

اس رنگ بدلتی دنیا میں انسان کی نیت ٹھیک نہیں

کاندھے سے ہٹالو سر اپنا یہ پیار محبت رہنے دو

کاندھے سے ہٹالو سر اپنا یہ پیار محبت رہنے دو

کشتی کو سنبھالو موجوں میں طوفان کی نیت ٹھیک نہیں

اس رنگ بدلتی دنیا میں انسان کی نیت ٹھیک نہیں

میں کیسے خدا حافظ کہہ دوں مجھ کو تو کسی کا یقین نہیں

چھپ جاؤ ہماری آنکھوں میں بھگوان کی نیت ٹھیک نہیں

اس رنگ بدلتی دنیا میں انسان کی نیت ٹھیک نہیں

***

فلم : پروفیسر

آوازیں : محمد رفیع، لتا منگیشکر

لتا : آواز دے کے ہمیں تم بلاؤ

محبت میں اتنا نہ ہم کو ستاؤ

آواز دے کے ہمیں تم بلاؤ

ابھی تو میری زندگی ہے پریشاں

کہیں مر کے ہو خاک بھی نہ پشیماں

دئیے کی طرح سے نہ ہم کو جلاؤ

محبت میں اتنا نہ ہم کو ستاؤ

رفیع : میں سانسوں کے ہر تار میں چھپ رہا ہوں ،

میں دھڑکن کے ہر راگ میں بس رہا ہوں ،

ذرا دل کی جانب نگاہیں جھکاؤ

محبت میں اتنا نہ ہم کو ستاؤ

لتا : نہ ہوں گے اگر ہم تو روتے رہو گے

سدا دل کا دامن بھگوتے رہو گے

جو تم پر مٹا ہو اسے نہ مٹاؤ

محبت میں اتنا نہ ہم کو ستاؤ

رفیع : آواز دے کے ہمیں تم بلاؤ

محبت میں اتنا نہ ہم کو ستاؤ

***

آواز : محمد رفیع

اے گلبدن ، اے گلبدن ، پھولوں کی مہک کانٹوں کی چبھن

تجھے دیکھ کے کہتا ہے میرا من

کہیں آج کسی سے محبت نہ ہو جائے

کہیں آج کسی سے محبت نہ ہو جائے

کیا حسین موڑ پر آ گئی زندگانی

کی حقیقت نہ بن جائے میری کہانی

جب آہیں بھرے یہ ٹھنڈی پون

سینہ میں سلگ اٹھتی ہے اگن

تجھے دیکھ کے کہتا ہے میرا من

کہیں آج کسی سے محبت نہ ہو جائے

کہیں آج کسی سے محبت نہ ہو جائے

کیا عجیب رنگ میں سج رہی ہے خدائی

کی ہر اک چیز مالک نے سندر بنائی

ندیا کا چمکتا ہے درپن

مکھڑا دیکھیں سپنوں کی دلہن

تجھے دیکھ کے کہتا ہے میرا من

کہیں آج کسی سے محبت نہ ہو جائے

کہیں آج کسی سے محبت نہ ہو جائے

میں تمہیں سے یوں آنکھیں ملاتا چلا ہوں،

کہ تمہیں کو میں تم سے چراتا چلا ہوں،

مت پوچھو میرا دیوانا پن

آکاش سے اونچی دل کی اڑن

تجھے دیکھ کے کہتا ہے میرا من

کہیں آج کسی سے محبت نہ ہو جائے

کہیں آج کسی سے محبت نہ ہو جائے

***

فلم : روپ کی رانی چوروں کا راجا

آواز : طلعت محمود

تم تو دل کے تار چھیڑ کر

ہو گئے ۔۔۔۔۔ بیخبر ۔۔۔۔۔

چاند کے تلے جلیں گے ہم

اے صنم ۔۔۔۔۔ رات بھر

تم تو دل کے تار چھیڑ کر ۔۔۔۔

تم کو نیند آئے گی ، تم تو سو ہی جاؤ گے

کس کا لے لیا ہے دل ، یہ بھی بھول جاؤ گے

یہ تو کہہ دو ایک بار، خواب میں تو آؤ گے

خواب میں تو آؤ گے۔۔۔۔۔

تم تو دل کے تار چھیڑ کر

ہو گئے۔۔۔۔۔بیخبر۔۔۔۔۔

اپنی ایک اور رات الجھنوں میں جائے گی

شوخ شوخ وہ ادا، ہم کو یاد آئے گی

مست مست ہر نظر، درد بن کے چھائے گی

درد بن کے چھائے گی

تم تو دل کے تار چھیڑ کر۔۔۔۔۔

ہو گئے۔۔۔۔۔بیخبر۔۔۔۔۔

اب تو صبر کا بھی ہاتھ ہم سے چھوٹنے لگا

اب تو بات بات پر دل بھی روٹھنے لگا

کیا غضب ہر کوئی ہم کو لوٹنے لگا

ہم کو لوٹنے لگا۔۔۔۔۔

تم تو دل کے تار چھیڑ کر

ہو گئے۔۔۔۔۔بیخبر۔۔۔۔۔

تم تو دل کے تار چھیڑ کر۔۔۔۔۔

***

فلم : سسرال

آواز : محمد رفیع

تری پیاری پیاری صورت کو کسی کی نظر نہ لگے

چشم بد دور

مکھڑے کو چھپا لو آنچل میں، کہیں میری نظر نہ لگے

چشم بد دور

یوں نہ اکیلے پھرا کرو، سب کی نظر سے ڈرا کرو

یوں نہ اکیلے پھرا کرو، سب کی نظر سے ڈرا کرو

پھول سے زیادہ نازک ہو تم چال سنبھل کر چلا کرو

زلفوں کو گرالو گالوں پر، موسم کی نظر نہ لگے

چشم بد دور

تری پیاری پیاری صورت کو کسی کی نظر نہ لگے

چشم بد دور

ایک جھلک جو پاتا ہے، راہی وہیں رک جاتا ہے

ایک جھلک جو پاتا ہے، راہی وہیں رک جاتا ہے

دیکھ کے تیرا روپ سلونا چاند بھی سر کو جھکاتا ہے

دیکھا نہ کرو تم آئینہ کہیں خود کی نظر نہ لگے

چشم بد دور

تری پیاری پیاری صورت کو کسی کی نظر نہ لگے

چشم بد دور

***

فلم : صحرا

آواز : محمد رفیع

تقدیر کا فسانہ جا کر کسے سنائیں

اس دل میں جل رہی ہیں ارمان کی چتائیں

تقدیر کا فسانہ جا کر کسے سنائیں

سانسوں میں آج میرے طوفان اٹھ رہے ہیں

سانسوں میں آج میرے طوفان اٹھ رہے ہیں

شہنائیوں سے کہہ دو کہیں اور جا کے گائیں

اس دل میں جل رہی ہیں ارمان کی چتائیں

تقدیر کا فسانہ

متوالے چاند سورج تیرا اٹھائے ڈولا

متوالے چاند سورج تیرا اٹھائے ڈولا

تجھ کو خوشی کی پریاں گھر تیرے لے کے جائیں

اس دل میں جل رہی ہیں ارمان کی چتائیں

تقدیر کا فسانہ

تم تو رہو سلامت سہرہ تمھے مبارک

میرا ہر ایک آنسو دینے لگا دعائیں

اس دل میں جل رہی ہیں ارمان کی چتائیں

تقدیر کا فسانہ

***

آوازیں : لتا منگیشکر، محمد رفیع

لتا : تم تو پیار ہو، سجنا

مجھے تم سے پیارا اور نہ کوئی

تم تو پیار ہو، سجنا

مجھے تم سے پیارا اور نہ کوئی

تم تو پیار ہو۔۔۔

رفیع : تم تو پیار ہو، سجنی

مجھے تم سے پیارا اور نہ کوئی

تم تو پیار ہو۔۔۔

رفیع : تم تو پیار ہو، سجنی

مجھے تم سے پیارا اور نہ کوئی

تم تو پیار ہو۔۔۔

لتا : آ۔۔۔۔

کتنا ہے پیار ہم سے اتنا بتا دو

رفیع : امبر پہ تارے جتنے، اتنا سمجھ لو

لتا : سچ؟ میری قسم؟

رفیع : تیری قسم تیری یاد مجھے لوٹے

لتا : قسمیں تو کھانے والے ہوتے ہیں جھوٹے

چلو جاؤ، ہٹو جاؤ، دل کا دامن چھوڑو

رفیع : تم تو پیار ہو، سجنی

مجھے تم سے پیارا اور نہ کوئی

تم تو پیار ہو۔۔۔

رفیع : آ۔۔

آ کے نہ جائے کبھی، ایسی بہار ہو

لتا : تم بھی ہمارے لیے جیون سنگار ہو

رفیع : سچ؟ میری قسم؟

لتا : تیری قسم تو ہے آنکھ کے تل میں

رفیع : تم بھی چھپی ہو میرے شیشۂ دل میں

لتا : میرے ہمدم میری بات تو مانو

تم تو پیار ہو، سجنا

مجھے تم سے پیارا اور نہ کوئی

تم تو پیار ہو، سجنا

رفیع : تم تو پیار ہو، سجنی

دونوں : مجھے تم سے پیارا اور نہ کوئی

تم تو پیار ہو۔۔۔۔

***

فلم : شرارت

آواز : کشور کمار اور ساتھی

ہم متوالے نوجواں ، منزلوں کے اجالے

لوگ کریں بدنامی ، کیسے یہ دنیا والے

کریں بھلائی ہم ، برے بنیں ہر دم

اس جہاں کی ، ریت نرالی

پیار کو سمجھے ، ہائے رے ہائے ستم

ہم متوالے نوجواں

ہم دھول میں لپٹے ستارے ، ہم ذرہ نہیں ہیں انگارے

ناداں ہے جہاں ، سمجھے گا کہاں ، ہم نوجواں کے اشارے

جب جب جھوم کے نکلے ہم ، جان کے پڑ جائیں لالے

لوگ کریں بدنامی ، کیسے یہ دنیا والے

ہم متوالے نوجواں

ہم روتے دلوں کو ہنسا دیں ، دکھ درد کی آگ بجھا دیں

بے چین نظر ، بیتاب جگر ، ہم سب کو کو گلے سے لگا لیں

ہم من موجی شہزادے ، دکھیوں کے رکھوالے

لوگ کریں بدنامی ، کیسے یہ دنیا والے

کریں بھلائی ہم ، برے بنے ہر دم

اس جہاں کی ، ریت نرالی ،

پیار کو سمجھے ، ہائے رے ہائے ستم

ہم متوالے نوجواں ، منزلوں کے اجالے

لوگ کریں بدنامی ، کیسے یہ دنیا والے

***

فلم : سہاگن

موسیقار : مدن موہن

آواز : محمد رفیع

تو میرے سامنے ہے

تیری زلفیں ہیں کھلی

تیرا آنچل ہے ڈھلا

میں بھلا ہوش میں کیسے رہوں

کیسے رہوں

تو میرے سامنے ہے

تیری آنکھیں تو چھلکتے ہوئے پیمانے ہیں

اور ترے ہونٹ لرزتے ہوئے میخانے ہیں

میں بھلا ہوش میں کیسے رہوں، کیسے رہوں

تو میرے سامنے ہے

تو جو ہنستی ہے تو بجلی سی چمک جاتی ہے

تیری سانسوں سے گلابوں کی مہک آتی ہے

تو جو چلتی ہے تو قدرت بھی بہک جاتی ہے

میں بھلا ہوش میں کیسے رہوں، کیسے رہوں

تو میرے سامنے ہے

***

فلم : تیرے گھر کے سامنے

موسیقار : ایس ڈی برمن

آوازیں لتا منگیشکر، محمد رفیع

رفیع : دیکھو روٹھا نہ کرو، بات نظروں کی سنو

لتا : ہم نہ بولیں گے کبھی، تم ستایا نہ کرو

رفیع : دیکھو روٹھا نہ کرو، بات نظروں کی سنو

لتا : ہم نہ بولیں گے کبھی، تم ستایا نہ کرو

رفیع : دیکھو روٹھا نہ کرو

رفیع : چہرہ تو لال ہوا، کیا کیا حال ہوا

اس ادا پر تیری، میں تو پاگل ہوا

تم بگڑنے جو لگو، اور پھر ہنسنے لگو

لتا : ہم نہ بولیں گے کبھی، تم ستایا نہ کرو

رفیع : دیکھو روٹھا نہ کرو

لتا : جان پر میری بنی، آپ کی ٹھہری ہنسی

ہائے، میں جان گئی، پیار کی فتنہ گری

دل جلانے کے لئے، ٹھنڈی آہیں نہ بھرو

رفیع : دیکھو روٹھا نہ کرو، بات نظروں کی سنو

لتا : ہم نہ بولیں گے کبھی

رفیع : تیری خوشبو نے مرے ہوش بھی چھین لئے

ہے خوشی آج ہمیں تیرے پہلو میں گرے

دل کی دھڑکن پہ ذرا، پھول سا ہاتھ رکھو

لتا : ہم نہ بولیں گے کبھی، تم ستایا نہ کرو

رفیع : دیکھو روٹھا نہ کرو

لتا : کیا کہے گا یہ سماں ان راہوں کا دھواں

لاج آئے مجھے، مجھ کو لائے ہو کہاں

ہم تمہیں مان گئے، تم بڑے وہ ہو ہٹو

رفیع : دیکھو روٹھا نہ کرو، بات نظروں کی سنو

لتا : ہم نہ بولیں گے کبھی، تم ستایا نہ کرو

رفیع : دیکھو روٹھا نہ کرو

***

فلم : زندگی
آواز : لتا منگیشکر

ہم پیار کا سودا کرتے ہیں ایک بار

ہم پیار کا سودا کرتے ہیں ایک بار

چاہے مٹ جائیں چاہے مر جائیں

چاہے مٹ جائیں چاہے مر جائیں

ہم پیار کا سودا کرتے ہیں ایک بار

عشق تیرا آگ ہے تو اس میں جلتے جائیں گے

موت ہو یا زندگی ہم ساتھ چلتے جائیں گے

ہم وہ نہیں ہیں پیار کے راہی جو دنیا سے ڈر جائیں

ہم پیار کا سودا کرتے ہیں ایک بار

ہم پیار کا سودا کرتے ہیں ایک بار

چاہے بدلے آسماں اور چاہے بدلے یہ زمیں

آنکھ نیچی ہو وفا کی ایسا ہو سکتا نہیں

ہم طوفاں میں ڈال کے کشتی ڈوب کے پار اتر جائیں

ہم پیار کا سودا کرتے ہیں ایک بار

ہم پیار کا سودا کرتے ہیں ایک بار

***

فلم : آہ

آوازیں : مکیش، لتا منگیشکر

مکیش : آجارے

آجارے ،اب میرا دل پکارا

رو رو کے غم بھی ہارا

بدنام نہ ہو پیار مرا

آجارے

لتا : ہو و و۔۔۔

گھبرائے ہائے یہ دل

گھبرائے ہائے یہ دل

سپنوں میں آ کے کبھی مل

سپنوں میں آ کے کبھی مل

آ جا رے

آ جا رے، اب میرا دل پکارا

رو رو کے غم بھی ہارا

مکیش : موت میری طرف آنے لگی

جان تیری طرف جانے لگی

بول شام جدائی کیا کریں

بول شام جدائی کیا کریں

آس ملنے کی تڑپانے لگی

آجا رے، اب میرا دل پکارا

رو رو کے غم بھی ہارا

بدنام نہ ہو پیار مرا

آجا رے

مکیش : اپنے بیمار غم کو دیکھ لے

ہو سکے تو تو ہم کو دیکھ لے

تو نے دیکھا نہ ہوگا یہ سماں

تو نے دیکھا نہ ہوگا یہ سماں

کیسے جاتا ہے دم کو دیکھ لے

آجا رے، اب میرا دل پکارا

رو رو کے غم بھی ہارا

بدنام نہ ہو پیار مرا

آجا رے

***

آوازیں : مکیش، لتا منگیشکر

لتا : ہوں اوں ۔ ۔ ۔ ہوں اوں اوں

مکیش : جانے نہ نظر پہچانے جگر

یہ کون جو دل پر چھایا

لتا : مرا انگ انگ مسکایا

مرا انگ انگ مسکایا

جانے نہ نظر پہچانے جگر

ہے کون جو دل پر چھایا

مرا انگ انگ مسکایا

مرا انگ انگ مسکایا

لتا : آواز یہ کس کی آتی ہے

جو چھیڑ کے دل کو جاتی ہے

آواز یہ کس کی آتی ہے

جو چھیڑ کے دل کو جاتی ہے

میں سن کے جسے شرما جاؤں

ہے کون جو دل میں سمایا

مرا انگ انگ مسکایا

مرا انگ انگ مسکایا

مکیش : جانے نہ نظر پہچانے جگر

یہ کون جو دل پر چھایا

مجھے روز روز تڑپایا

مجھے روز روز تڑپایا

مکیش : ڈھونڈھیں گے اسے ہم تاروں میں

ساون کی ٹھنڈی بہاروں میں

ڈھونڈھیں گے اسے ہم تاروں میں

ساون کی ٹھنڈی بہاروں میں

پر ہم بھی کسی سے کم تو نہیں

کیوں روپ کو اپنے چھپایا

مجھے روز روز تڑپایا

مجھے روز روز تڑپایا

لتا : جانے نہ نظر پہچانے جگر

ہے کون جو دل پر چھایا

مرا انگ انگ مسکایا

مرا انگ انگ مسکایا

بن دیکھے جس کو پیار کروں

گر دیکھوں اس کو جان بھی دوں

بن دیکھے جس کو پیار کروں

گر دیکھوں اس کو جان بھی دوں

ایک بار کہو او جادو گر

یہ کون سا کھیل رچایا

مرا انگ انگ مسکایا

مرا انگ انگ مسکایا

جانے نہ نظر پہچانے جگر

ہے کون جو دل پر چھایا

مرا انگ انگ مسکایا

مرا انگ انگ مسکایا

★★★

آواز: لتا منگیشکر

سنتے تھے نام ہم جن کا بہار سے

دیکھا تو ڈولا جیا جھوم جھوم کے

سنتے تھے نام ہم جن کا بہار سے

دیکھا تو ڈولا جیا جھوم جھوم کے

چھپتے رہے جو میری نظر سے

دل بولے میرا تم ہی تو ہو

آنکھوں سے رنگ میرے دل کے امنگ پہ

ڈالا تو ڈولا جیا. جھوم جھوم کے

سنتے تھے نام ہم جن کا بہار سے

دیکھا تو ڈولا جیا. جھوم جھوم کے

ٹھکرا چکے تھے جن کی محبت

کیوں ان پہ دیوانے ہوئے

تڑپا کے پیار نے جب ہم کو پیار سے

چھیڑا تو بولا جیا. جھوم جھوم کے

سنتے تھے نام ہم جن کا بہار سے

دیکھا تو ڈولا جیا. جھوم جھوم کے

پہلے کہیں یہ دل نہ جھکا تھا

کیا جانوں اب کیا ہو گیا

جاؤ نہ آج کل تم ہم کو چھوڑ کے

اپنا تو ڈولا جیا. جھوم جھوم کے

سنتے تھے نام ہم جن کا بہار سے

دیکھا تو ڈولا جیا. جھوم جھوم کے

***

آواز : لتا منگیشکر

یہ شام کی تنہائیاں ایسے میں تیرا غم

شام کی تنہائیاں ایسے میں تیرا غم

پتے کہیں کھڑکے ہوا آئی تو چونکے ہم

پتے کہیں کھڑکے ہوا آئی تو چونکے ہم

یہ شام کی تنہائیاں ایسے میں تیرا غم

جس راہ سے تم آنے کو تھے

جس راہ سے تم آنے کو تھے

اس کے نشاں بھی مٹنے لگے

اس کے نشاں بھی مٹنے لگے

آئے نہ تم سو سو دفعہ آئے گئے موسم

آئے نہ تم سو سو دفعہ آئے گئے موسم

یہ شام کی تنہائیاں ایسے میں تیرا غم

یہ شام کی تنہائیاں ایسے میں تیرا غم

سینہ سے لگا تری یاد کو

سینہ سے لگا تری یاد کو

روتی رہی میں رات کو

روتی رہی میں رات کو

حالت پہ میری چاند تارے رو گئے شبنم

حالت پہ میری چاند تارے رو گئے شبنم

یہ شام کی تنہائیاں ایسے میں تیرا غم

یہ شام کی تنہائیاں ایسے میں تیرا غم

***

فلم : کالی گھٹا
آواز : لتا منگیشکر

ان کے ستم نے لوٹ لیا

ان کے ستم نے لوٹ لیا

ہائے کیا کریں

ہائے کیا کریں

آئینہ دل کا ٹوٹ گیا

آئینہ دل کا ٹوٹ گیا

ہائے کیا کریں

ہائے کیا کریں

آنسو بھی چھپ کے سو گئے

پلکوں میں رہ کے کھو گئے

آنسو بھی چھپ کے سو گئے

پلکوں میں رہ کے کھو گئے

آنکھوں پہ چھائی کالی گھٹا

آنکھوں پہ چھائی کالی گھٹا

ہائے کیا کریں

ہائے کیا کریں

سوچا تھا وہ نبھائیں گے

یوں نہ ہمیں رلائیں گے، رلائیں گے

اپنوں نے ساتھ چھوڑ دیا

اپنوں نے ساتھ چھوڑ دیا

ہائے کیا کریں

ہائے کیا کریں

آباد یہ جہان ہے

برباد میری ہی جان ہے

آباد یہ جہان ہے

برباد میری ہی جان ہے

اے موت آ کے تو ہی بتا

اے موت آ کے تو ہی بتا

ہائے کیا کریں

ہائے کیا کریں

ان کے ستم نے لوٹ لیا

ان کے ستم نے لوٹ لیا

ہائے کیا کریں

ہائے کیا کریں

***

تدوین اور ای بک کی تشکیل : اعجاز عبید